Los geht's

Endlich Hüttenzeit

IM LÄNDLE

SCHWARZWALD & SCHWÄBISCHE ALB

44 HÜTTENTOUREN

IM LÄNDLE
44 HÜTTENTOUREN

Inhalt

Tourenübersicht

44 Tourenziele
Alle Touren in der Übersicht mit Dauer, Distanz, Schwierigkeit **06–09**

Übersichtskarte

Karte im Maßstab 1:700.000
Für die Planung der Anreise und die perfekte Übersicht der Region **10–11**

Endlich... geht es los!

Vorwort und Einführung
Wo die Reise hingeht und was du erwarten kannst **12–13**

Packliste

Endlich alle 7 Sachen zusammen
Alles was du auf deiner Wandertour brauchst **14–15**

Verhaltenskodex

Endlich gern gesehen
So verhältst du dich richtig **16–17**

Grundwissen

Wandern & Hütten, Touren 1x1
Das solltest du bei deiner Hüttentour wissen 18–21

Touren 1–44

Karte im Maßstab 1:50.000, Tourenbeschreibung & Anreise
Dein Wegweiser zu den schönsten Touren 24–205

Unsere Hütten-Hacks

Tipps, Tipps und Tipps
So steht deinem Hüttenerlebnis nichts im Wege 208–209

Endlich was Neues ausprobieren

Was gibt es noch?
Das alles kannst du in der Region noch erleben 210–211

Von Vorteil für Mensch & Natur

Nachhaltigkeit
5 Tipps für nachhaltiges Wandern. 212–213

Impressum

Kleingedrucktes
Text & Bildnachweis 214–215

Tourenübersicht

TOUREN 1–11

01 Batterthütte: 3h 15min, 310 hm, 11 km, **MITTEL**
Rund um den Felsgipfel des Battert **24**

02 Haselgrundhütte: 6h 15min, 649 hm, 22,8 km, **SCHWER**
Legendenreiche Runde **28**

03 Hüttentour Obertsrot: 4h 15min, 650 hm, 15,3 km, **MITTEL**
Bei den sagenhaften Schwarzwald-Zwergen **32**

04 Grünhütte: 3h 30min, 175 hm, 14 km, **LEICHT**
Am größten Schwarzwaldmoor.. **36**

05 Kreuzlehütte: 2h, 128 hm, 7,5 km, **LEICHT**
Bohlenwege zum Hochmoor... **40**

06 Gompelscheuer Hütten: 3h 30min, 258 hm, 12,8 km, **LEICHT**
Am Enzursprung.. **44**

07 Neuhaushütte: 2h 45min, 209 hm, 10,3 km, **LEICHT**
Murgtal- und Alpenblicke **48**

08 Darmstädtler Hütte 1: 4h 15min, 402 hm, 13,5 km, **MITTEL**
Urwald und Schwarzwald-Panorma.. **52**

09 Darmstädtler Hütte 2: 2h 30min, 231 hm, 8,8 km, **LEICHT**
Panorama am Grab des Ruhsteinvaters... **56**

10 Baiersbronner Tonbachsteig: 4h 20min, 480 hm, 14,3 km, **MITTEL**
Genusspfad im Schwarzwald... **60**

11 Um den Rinkenberg: 2h, 150 hm, 6 km, **LEICHT**
Weitsichten im Oberen Murgtal... **64**

TOUREN 12–22

12 **Otmarhütte:** 3h 30min, 360 hm, 11 km, **MITTEL**
Hinauf zum Kupferberg **68**

13 **Der Große Hansjakobweg:** 29h, 2920 hm, 94 km, **MITTEL**
Rund um das Kinzigtal **72**

14 **Zum Kolmenhof:** 5h 30min, 240 hm, 15,5 km, **MITTEL**
Zum Gasthaus an der Bregquelle **78**

15 **Gasthaus Staude:** 3h 45min, 280 hm, 11,5 km, **MITTEL**
Im Schiltach-Quellgebiet **82**

16 **Berggasthof Kandelhof:** 4h 15min, 790 hm, 12 km, **SCHWER**
Aussicht bei Waldkirch **86**

17 **Gummenhofhütte:** 2h 45min, 240 hm, 8,3 km, **MITTEL**
Aussichtsreich um den Kandel **90**

18 **Wuspenhof:** 5h 30min, 540 hm, 16 km, **SCHWER**
Hoch über dem Glottertal.. **94**

19 **Plattenhof:** 4h 45min, 390 hm, 16,5 km, **MITTEL**
Barockkloster und Traditionsgasthof.. **98**

20 **Hüttentour Feldberg:** 5h 15min, 584 hm, 16,8 km, **MITTEL**
Über den höchsten Schwarzwaldberg **102**

21 **Hüttentour im Bärental:** 5h, 569 hm, 16 km, **MITTEL**
Über den Zweiseenblick zum Feldsee.. **106**

22 **Unterkrummenhof:** 7h, 622 hm, 25 km, **LEICHT**
Schluchsee, Wälder und malerische Örtchen **110**

Unser Highlight

Tourenübersicht

TOUREN 23–33

23 **Todtmooser Lebküchlerweg:** 4h 15min, 512 hm, 13,8 km, **LEICHT**
Panoramatour durch Schluchten und Wälder **116**

24 **Gasthaus Wutachschlucht:** 5h 30min, 650 hm, 19 km, **LEICHT**
Von Stühlingen auf den Blumberg **120**

25 **Berner Alpen Panorama:** 4h 15min, 220 hm, 14,5 km, **LEICHT**
Berggasthaus Windegg-Witthoh **126**

26 **Ebinger Haus:** 3h 30min, 335 hm, 12,1 km, **MITTEL**
Über Schloss Hausen nach Werenwag..**130**

27 **Felsenpanorama Donautal:** 3h 30min, 403 hm, 12,9 km, **MITTEL**
Von Thiergarten zur Ruine Falkenstein **134**

28 **Hütte am Turm:** 4h, 356 hm, 13,8 km, **MITTEL**
Zu Drei Tausendern **138**

29 **Veringer Hütte:** 3h, 227 hm, 11,5 km, **MITTEL**
Höhlenrunde an der Lauchert...**142**

30 **Nägelehaus – Zeller Horn:** 2h, 290 hm, 7,2 km, **LEICHT**
Aussichtsreich ins Albhochland..**146**

31 **Högghütte:** 3h 30min, 184 hm, 13,8 km, **LEICHT**
Waldeinsamkeit rund um Schloss Mochental................................**150**

32 **Buchtalhütte:** 4h 30min, 219 hm, 16 km, **MITTEL**
Verschwiegener Tälerausflug **154**

33 **Ernsthütte:** 2h 15min, 247 hm, 6,5 km, **LEICHT**
Auf dem Pfullinger Sagenweg **158**

TOUREN 34–44

34 **Rund um Sirchingen:** 3h, 310 hm, 10 km, **LEICHT**
Vom Werkmannhaus zum Sirchinger Wasserfall **162**

35 **Bad Urach:** 3h, 405 hm, 10,2 km, **MITTEL**
Wasserfälle und eine gemütliche Einkehr bei der Rohrauer Hütte ..**166**

36 **Harpprechthaus:** 3h 45min, 223 hm, 13,6 km, **MITTEL**
Zu einer außergewöhnlichen Moorlandschaft................................**170**

37 **Runde um den Kornberg:** 2h, 205 hm, 7 km, **LEICHT**
Am doppelten Albtrauf...**174**

38 **Haarberg & Wasserberg:** 2h 30min, 245 hm, 8,7 km, **LEICHT**
Durch ein Naturschutzgebiet mit Geschichte **178**

39 **Einsames Bachtal:** 2h 30min, 185 hm, 8,2 km, **LEICHT**
Die Mordloch Runde von Steinenkirch...**182**

40 **Berghütte Kraterblick:** 2h, 106 hm, 6 km, **LEICHT**
Auf den Knillberg..**186**

41 **Franz-Keller-Haus:** 3h, 375 hm, 10,4 km, **MITTEL**
Auf's Kalte Feld **190**

42 **Ziegelhütte:** 2h 30min, 56 hm, 8,3 km, **LEICHT**
Zu den Karstquellen...**194**

43 **Knörzerhaus:** 2h 30min, 250 hm, 9,1 km, **LEICHT**
Auf den Hornberg **198**

44 **Volkmarsberghütte:** 2h 45min, 270 hm, 9,9 km, **MITTEL**
Auf den Volkmarsberg..**202**

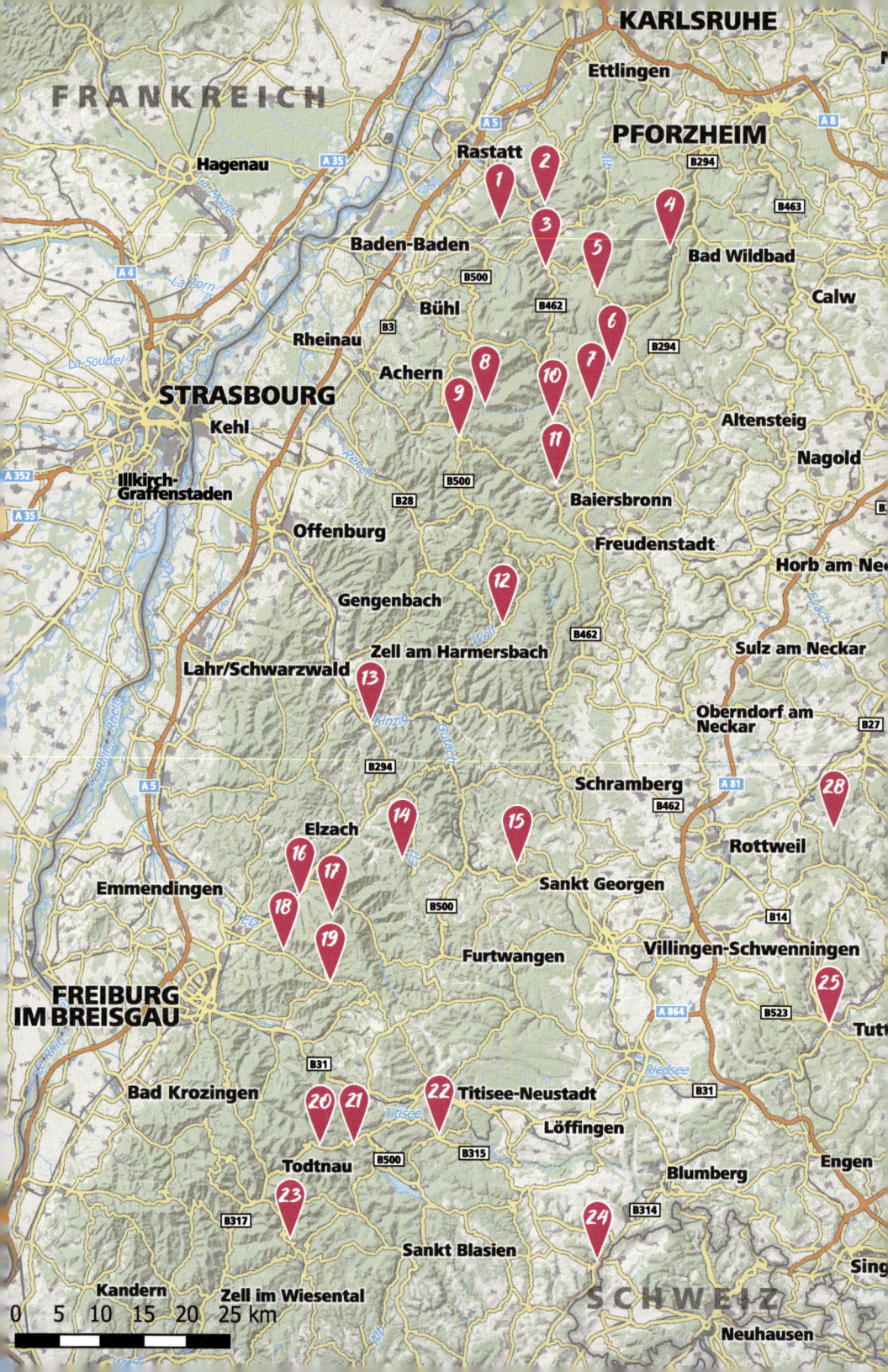

Endlich ...

geht es los!

Was könnte schöner sein, als endlich Hüttenzeit? Jetzt heißt es raus aus dem Alltag und rein in die Wanderklamotten! Wir haben die schönsten Touren zusammengestellt und zeigen dir die faszinierendsten Hütten auf der Schwäbischen Alb und im Schwarzwald. Wir nehmen dich mit zu Knöpfle (Spätzle) und Schwarzwälder Kirschtorte, Kaminfeuer und spannenden Wandergeschichten. Denn Hüttenzeit heißt Wohlfühlzeit in der Natur, ohne Stress und Hektik.

Die Landschaft der Schwäbischen Alb ist vielfältig, einzigartig und wunderschön: Der Albtrauf erhebt sich als 200 Kilometer lange Felskante bis auf 1000 Höhenmeter und trennt das raue Hochplateau vom sanften Albvorland. Auf der Hochebene gedeihen Kalkbuchenwälder, Wacholderheiden und Blumenwiesen. Von diversen Aussichtstürmen an der Albkante erblicken wir tiefe Täler, Felstürme, Burgen und Schlösser in der Ebene des Albvorlandes. Der Schwarzwald ist das zweite große Mittelgebirge in Baden-Württemberg und auch das höchste und größte Deutschlands: 160 Kilometer lang und 60 Kilometer breit ist die Ferienregion Schwarzwald zwischen der Rheinebene und dem Donau-Ursprung. Dabei erwarten uns wildromantische Schluchten und stille Seen, glasklare Quellen und verwunschene Höhlen, blumenreiche Wiesen, endlose Wälder, erstaunlich viel Wildnis, die berühmten Schwarzwaldhäuser und alte Dörfer und Städtchen, die zum Flanieren einladen.

Auf den Touren in **Endlich Hüttenzeit im Ländle** kommen wir – wie der Name verspricht – auf jeder Wanderung an einer Hütte vorbei. Doch muss man sich das Bild einer Hütte im Ländle ein wenig anders vorstellen: Unsere hier besuchten Hütten reichen von Selbstversorgerhütten (meist des Schwäbischen Albvereins) über bewirtschaftete Berghütten oder Gasthäuser bis hin zu kleinen Schutz- oder Unterstandshütten, die zwar nicht bewirtschaftet sind, jedoch eine schöne Gelegenheit für eine geschützte Rast bieten. Bei den Hütten mit Einkehrmöglichkeit erwarten uns dann typisch schwäbische und schwarwälder Spezialitäten wie Käsespätzle mit Röstzwiebeln, Maultaschen, Schwarzwälder Schinken oder die Schwarzwälder Kirschtorte. Also nichts wie los zur Hüttenzeit im Ländle!

Endlich alle 7 Sachen zusammen

Deine Packliste

MATERIALCHECK

Bei den vorgestellten Wanderungen ist alles dabei: von kurz über lang, viele und wenige Höhenmeter, durch dichte Wälder und weitläufige Flächen. So benötigen wir doch ein paar Dinge, die im Rucksack nicht fehlen dürfen. Die wichtigsten Utensilien für die Wanderungen haben wir Euch hier nochmal zusammengestellt:

- ◯ Wanderstiefel
- ◯ Wetterfeste Bekleidung
- ◯ Wasser (mind. 1,5 Liter!)
- ◯ Erste-Hilfe-Set

- ◯ Handy (für den Notruf)
- ◯ Wechselkleidung
- ◯ Proviant
- ◯ Kompass und Wanderkarte

Neben der Standardausrüstung zum Wandern sind für die Hüttentouren und die damit verbundene Übernachtung noch folgende Dinge sehr wichtig:

- ◯ Hüttenschlafsack
- ◯ Oropax

- ◯ Ausweis und Bargeld
- ◯ Hüttenschuhe und trockene Socken

Endlich gern gesehen

Nachhaltigkeit

BEIM WANDERN

Wandern liegt voll im Trend! Immer mehr Menschen lassen sich von der Faszination des Bergsports in den Bann ziehen, kehren dem Städtealltag den Rücken zu und suchen fernab von Stress und Hektik mehr Ruhe, Ausgleich und Bewegung in den Bergen. Doch je mehr wir in der Natur unterwegs sind, desto mehr Schaden trägt sie davon – außer, wir gehen sanft mit der sensiblen Umgebung um und versuchen, möglichst viele Aspekte rund um eine Wandertour nachhaltig zu gestalten. Zum Glück ist umweltfreundliches Wandern mit Respekt vor der Natur und vor der Tier- und Pflanzenwelt nicht allzu schwer. Um im Einklang mit der Umgebung unterwegs zu sein, haben wir wichtige Tipps und einfache Grundregeln zusammengefasst. „Take nothing but pictures, leave nothing but footprints" – beherzige dieses Motto, dann steht deinem umweltschonenden Naturerlebnis nichts mehr im Weg!

Und das kannst du machen...

01 **Befolge Bestimmungen:** Informiere dich über Regelungen in National-
parks und Schutzgebieten und halte dich an die Hinweise auf Informationstafeln.

02 **Bewege dich auf sichtbaren Wegspuren:** Durchquere keine Gebiete
auf eigene Faust, sondern bleibe auf den festgelegten Routen. Respektiere Pri-
vatgrund und schließe Weidegatter.

03 **Respektvoller Umgang untereinander:** Begegne anderen Wanderern,
Forst- und Almpersonal sowie Jägern und Landwirten stets freundlich und respektvoll, schließlich bist du Gast in dieser schönen Gegend.

04 **Vermeide unnötigen Lärm:** Achte auf Ruhezonen und bewege dich
möglichst leise in der freien Natur.

05 **Respektiere den Lebensraum der Tiere:** Weiche Tieren unaufgeregt
aus und halte Distanz bei Begegnungen.

06 **Halte die Umwelt sauber:** Hinterlasse keinen Abfall. Versuche dich bei
Notdurft von Gewässern fernzuhalten und nimm Klopapier wieder mit ins Tal.

07 **Pflücke und sammle keine Pflanzen:** Achte darauf, Pflanzen möglichst unberührt zu lassen.

08 **Mache kein offenes Feuer und campiere richtig:** Nutze nur ausgewiesene Feuerstellen und beachte die aktuelle Waldbrandgefahr. Wenn du im
Freien übernachtest, tu das nur an Plätzen, wo dies erlaubt ist.

Grundwissen

Wandern & Hütten

SICHERHEIT UND BASICS

Wandern ist ein ideales Mittel, um einfach mal auszuspannen und den Alltag hinter sich zu lassen. Nur der eigenen Bewegung folgen, sich auf seine Schritte und den eigenen Rhythmus konzentrieren. Die Natur und ihre Schönheit genießen. Gerade bei Mehrtagestouren kannst du richtig abschalten und das Hüttenleben genießen. Trotzdem gilt es einiges zu beachten, damit durch unvorhergesehene Ereignisse der Spaß nicht auf der Strecke bleibt.

Wettercheck: Gerade beim Wandern ist stabiles Wetter sehr wichtig. Sich bereits zwei bis drei Tage vorher zu informieren und am Abend vor der Tour oder bei Unsicherheit sogar morgens nochmal das Wetter abzuklären, kann oft böse Überraschungen vermeiden. Am besten informierst du dich beim Deutschen Wetterdienst, alternativ kannst du auch andere Wetterdienste wie meteoblue, kachelmannwetter oder bergfex verwenden. Bei unsicheren Verhältnissen lieber die Tour absagen und auf einen anderen Tag verschieben.

Hüttenübernachtung: Plane deine Hüttenübernachtung schon im voraus und reserviere dir einen Schlafplatz über die Hüttenwebseite, per Mail oder direkt am Telefon beim Hüttenwirt. Denke auch daran, Bargeld für die Verpflegung und die Übernachtung mitzunehmen. Die anderen Gäste und der Hüttenwirt danken es dir, wenn du dich an die geltenden Regelungen hältst und auch die Essenszeiten sowie die Nachtruhe beachtest.

Notruf bei Unfällen: Bei einem Unfall haben Ruhe bewahren und überlegtes Handeln oberste Priorität. Erst einen Überblick über die Situation verschaffen, dann wird mit der europaweit gültigen Notrufnummer 112 ein Notruf abgesetzt. Funklöcher oder kein Handy erfordern das alpine Notsignal mittels Rufen, Pfiffen oder Licht: Alle zehn Sekunden eine Minute lang ein Signal, dann eine Minute Pause, dann wieder alle zehn Sekunden eine Minute lang ein Signal geben. Auch Erste-Hilfe-Maßnahmen sollten durchgeführt werden.

Grundwissen

Wandern

TOUREN-1×1 & LEXIKON

Die Klassifizierung der Touren ist als Richtwert zu verstehen. Schätze dein Können und deine Kräfte realistisch ein und richte deine Tourenauswahl danach aus.

LEICHT: Meist gut markierte, breite Wanderwege ohne Gefahrenstellen, die stellenweise auch etwas steilere, wurzelige und felsige Passagen aufweisen können. Die Routen sind für AnfängerInnen, Kinder sowie fitte, ältere Personen geeignet und setzen keine großartige Bergerfahrung voraus.

MITTEL: Anspruchsvollere Wege und Pfade mit teils unwegsamem Untergrund (steinig, wurzelig, verwachsen, rutschig), die meist gut markiert sind und phasenweise leicht ausgesetzte Abschnitte beinhalten können. Die Routen sind überwiegend länger und setzen Bergerfahrung und eine gute Grundkondition voraus.

SCHWER: Herausfordernde Touren, meist auf schmalen und steilen Steigen in alpinem Gelände. Stellenweise können kurze (durch Drahtseile versicherte) Kletter- und Kraxelpassagen vorkommen, bei denen die Hände zur Hilfe genommen werden müssen. Es ist mit längeren An- und Abstiegen zu rechnen. Langjährige Bergerfahrung, Trittsicherheit und Schwindelfreiheit sowie ausgezeichnete Kondition sind Grundvoraussetzung!

Gehzeiten: Die angeführten Zeitangaben verstehen sich als Richtwerte für die reine Gehzeit ohne Pausen und basieren auf folgenden Erfahrungswerten pro Stunde: Aufstieg 400 Höhenmeter, Abstieg 600 Höhenmeter, 4 Kilometer auf flacher Strecke.

Wandersaison: Grundsätzlich lässt es sich in den deutschen Mittelgebirgen und dem Flachland ganzjährig wandern, trotzdem solltest du mit Schnee in den höheren Lagen rechnen. Besonders bei Minustemperaturen und Nässe ist auf die Wegverhältnisse zu achten. Deswegen empfehlen wir Wanderungen ab April bis Oktober. Im Frühling präsentiert sich die Natur von ihrer prachtvollsten Seite, wenn die Obstwiesen blühen und, auch etwas später in höheren Lagen, die Natzur zum Leben erwacht. Aber auch der Herbst schafft eine einmalige Wanderkulisse mit gelb und orange leuchtenden Wäldern und meist einer sehr guten Fernsicht. Informiere dich am besten in der Region über die aktuelle Begehbarkeit der Wege und die Öffnungszeiten der Zufahrtsstraßen und Schutzhütten.

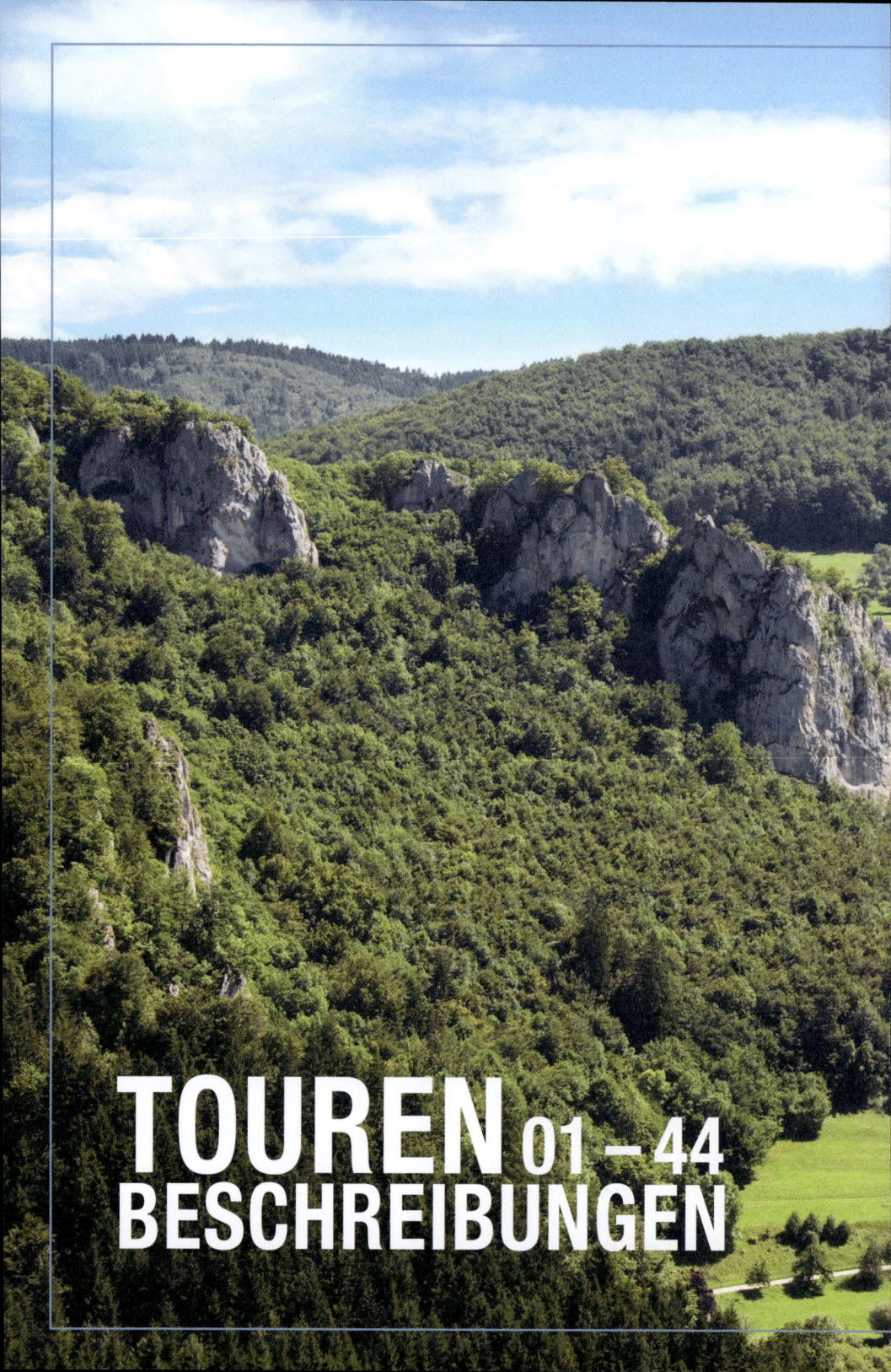

TOUREN 01 – 44
BESCHREIBUNGEN

FÖRCH

Schloss Favorite
Favorite
Antoniuskapelle
Lohberg 186
Jüdischer Friedhof
Schwabberg
179
194
Hochwald

Sand

Schwarzwald-Bäderstr.
Stockacker
Neuer Schlag
Wißling
Rotenfels
BAD ROTEN

Unimog-Museum
161
Schanzenberg

Hungerberg
HAUENEBERSTEIN
Backen
Hirschacker
Schöneich

Rotherma

Sauloch
297

Holzklingel

GAGGENAU

Ruine Schlössel
Ruine Schafstall
Böschen
Harsbachhütte
Harsbach
141
223

Waldsee-bad
Schürkopf 269
Echlehütte
Großer Wald

Lehnberg 183
253
Ruine Klösterle
Wetters-brunnen
Römische Niederlassung
Wolfartsberg
289
Specht
254
Obere Ohl 204
292

Höcht 191
Hinterbach
Ziegelwasen
Kuppenheimer
Forst
Selbacher

Birket 294
Ruine Ochsenstall
Ochsen-wasen
286

Schwelling 251

BALG
Hardberg 374
Hardberghütte
Kellersbild-hütte
Fünfquellenhütte
Ruine Ebersteinburg (Alteberstein)
487
Schloss-berg
Lukashütte
Wolfsschlucht-hütte

WESTSTADT
Altes Schloss/ Hohenbaden
Battert
568
Badener
EBERSTEINBURG
Forst
Selbach

Bildeiche
NSG Forst
Engelskanzel
Hotel Wolfsschlucht
Hotel Merkurwald
302
Klammen

Steinwald
332
Hungerberg
329
Waldschlössle
Meisenköpfle
Teufelskanzel 485
Großenberg 320
Neuhaus

OOSSCHEUERN

Langen-gehren
Staufen
Merkur
Familienfreizeit-paradies
Oberdorf
STAUFEN
Emmersbosch 357

Neues Schloss
Merkur-bergbahn
Merkurstüble
(Gr.Staufenberg)
Oswaldhaus
NFH Weise Stein

128
Trinkhalle
Caracalla-Therme
Friedrichsbad
Fabergé Mus.
Atlantic-Parkhotel
Waldcafe
Haslichmatthütte
Binsenwasenhütte
517
Kleiner Staufenberg 623
Wildhag
Neterhütte
Kieferscheid
397

227
Kurhaus Kunst u. Technik
Frieder Burda
212
Kurzhalde
berg
Köhlplättl

Beutig 237
Stadtmuseum
BADEN-BADEN
Mastbergle 364
Eckhöfe
Winterhalde Schafberg
Drei-Eichen-Hütte
Walheimer Hof
Müllenbild

Bertholdbad
Gönner-anlage
Hotel Leonardo Royal
Eckberg
379
Müllenbach 411

Reithalle
Mariahalden
LICHTENTAL
Sauersbosch
Heuberg 305
Breite Wand
Hummels 559

Körbmattenkopf 441
269
Brahmshaus
Kloster Lichtenthal
Leisberg
Gelbe Eiche 414
Gelbeichhütte 386
OBERBEUERN
Lerchenberg
Forellenzucht
Nachtigall 382

Pfeifersfels
Waldeneck 514
Louisfelsen
Kelschgraben 471
Wurzgartenkopf 437
Hard
266
SEELACH
Oberster Berg
364
Sporsig
Kuchenberg 443
GAISBACH

0   500m

Panoramatour 01

Batterthütte
Rund um den Felsgipfel des Battert

DAUER	3h 15min
LÄNGE	11 km
HÖHENMETER	310 hm
SCHWIERIGKEIT	MITTEL
ÜBERNACHTUNG	nein

Das erwartet dich ...

Eine spektakuläre Tour durch alte Felsenwege im weitläufigen Massiv des Battert – mitten im Gebiet der Heilquellen von Baden-Baden. Eine keltische Wallanlage, das Schloss Hohenbaden, deren Ruinen sich eindrucksvoll aus den Laubwäldern erheben und die Burgruine Eberstein zeugen von der historischen Bedeutung des Battert. Atemberaubende Ausblicke von Felsenkanzeln und Panoramapunkten sowie der mystisch anmutende Laubwald machen die Rundtour unvergesslich.

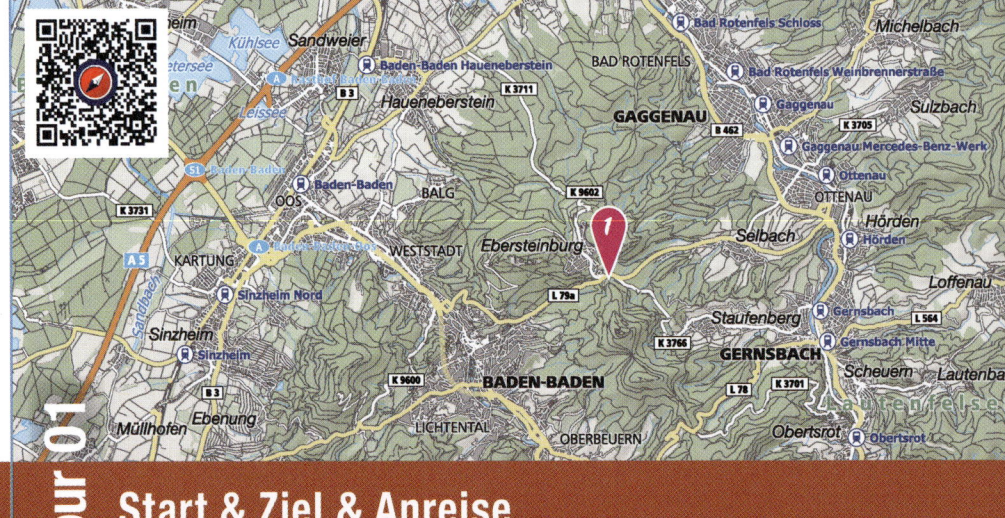

Start & Ziel & Anreise

Wir beginnen die Tour an der Busstation Wolfsschlucht, direkt am „Hotel Wolfs-schlucht" in Ebersteinburg. Die Busse 214 und 244 aus Baden-Baden/Gaggenau machen hier ein- bis zweimal stündlich Halt. Mit dem Auto erreichen wir den Startpunkt in 10 Minuten von Baden-Baden oder Gaggenau aus über die K 3704, die Badener Straße.

Panoramatour 01

Tourenbeschreibung

Vom Parkplatz aus folgen wir der Rotenbachtalstraße bis zum Abzweig zur Engelskanzel. Der Pfad schwingt sich nun leicht ansteigend zwischen imposanten Eichen und kleineren Felsen hinauf, bis die Aussichtsplattform „Engelskanzel" zu sehen ist. Auf der gegenüberliegenden Seite ist ebenfalls eine Felsenkanzel zu sehen. Der Legende nach sollen sich dort die Anhänger des Teufels zusammengefunden haben, während hier von der Engelskanzel aus ein Engel Gottes zu den Menschen predigte und sie zum guten Leben ermahnte. Diese Szene ist auch in der Baden-Badener Trinkhalle auf einem Fresko veranschaulicht. Nach einer Pause setzen wir den Weg fort bis zum Alten Schloss. Dabei überqueren wir den Badener Weg und biegen rechts in den Ebersteinburg-Rundwanderweg ein und folgen dem blauen Ring zur Unteren Batterthütte, einem hölzernen Unterstand.

Wir schwenken links in den Unteren Felsenweg ein, der uns staunend durch eindrucksvolle Felstürme und -wände führt. Zwischen den mächtigen, knorrigen Ästen jahrhundertealter Baumriesen kann man an der 55 m hohen Falkenwand Kletterer entdecken, die hier ein Eldorado gefunden haben. An der Westflanke des Feldmassivs liegt der bekannteste Klettergarten des nördlichen Schwarzwaldes. Unser nächstes Etappenziel liegt vor uns – und was für ein malerisches! Wir erreichen das Alte Schloss Hohenbaden, das kostenfrei besichtigt werden kann. Es werden auch Führungen angeboten. Im stilvollen Schlossrestaurant wird mediterrane Küche serviert, der Biergarten lockt mit Snacks, kühlen Getränken und sagenhaften Ausblicken.

Nach einer Rast erwartet uns ein weiteres Highlight. Wir folgen dem blauen Ring rechts den Berg hinauf, zum Aussichtspavillon auf der Ritterplatte. Ein beeindruckender Blick über Baden-Baden und das Oostal bis hin zur Hornisgrinde belohnt die Anstrengungen. Und es gibt noch mehr zu sehen. Der Weg steigt über Felstreppen und Kehren zu einem faszinierenden Naturdenkmal auf: Seit 600 Jahren trotzt die Alte Batterteiche jedem Sturm. Nur wenige Schritte weiter treffen wir auf die Obere Batterthütte. Nicht verpassen sollte man die Aussicht am Abstecher über die Felsenbrücke zur Badener Wand. Die umliegenden Höhenzüge des Schwarzwaldes scheinen dem Wanderer hier oben zu Füßen zu liegen.

Der Ebersteinburg-Rundwanderweg führt uns nun geradeaus zurück zur Unteren Batterthütte. Am Wegesrand fallen etwa einen Meter hohe Mauerreste aus großen, locker zusammengesetzten Felsbrocken auf. Diese stammen aus keltischer Zeit (ca. 400 v. Chr.) und gehören zum 800 m langen und 200 m breiten Ringwall, der die Kuppe des Battert umschließt. Wir passieren die Hütte und folgen dem blauen Ring in Richtung Ebersteinburg, biegen einmal links ab und gelangen über die Hilsbrunnenstraße hinab in den Ort. An der großen Ebersteinburger Straße wenden wir uns nach links und biegen nach einigen Metern halbrechts in die „Brunnenlinde" ein, der wir bis zur Burgruine Alt-Eberstein hinauf folgen. Die Burg, die im Hochmittelalter um das Jahr 1100 gebaut wurde, diente den Grafen von Eberstein als Sitz oberhalb des Dorfes. 1282 wurde sie von Markgraf Rudolf I. gekauft, ab dem 16. Jahrhundert verfiel sie. Erhalten ist der Bergfried/Turm aus dem 13. Jahrhundert, der seiner guten Aussicht wegen bestiegen werden kann (montags und dienstags geschlossen). In der badisch-mediterranen Gaststätte speist man zwischen alten Mauern und sagenhaften Ausblicken.

Der Rundweg verlässt die Burgruine in Richtung Südosten, passiert den Sport- und Festplatz und mündet in die Zimmerhardtstraße, die sich zum Ort hin senkt. Noch vor den ersten Häusern von Ebersteinburg folgen wir dem Abzweig zur Aussichtskanzel „Verbrannter Felsen" an der Lukashütte. Das Murgtalpanorama, das sich hier öffnet, sucht wirklich seinesgleichen – das sollte man nicht verpassen! Von hier aus folgen wir erneut dem blauen Ring und gelangen durch die Wolfsschlucht wieder zurück zur Bushaltestelle. Übernachtungsmöglichkeiten bieten sich im Hotel Wolfsschlucht an.

Ehrlich 209
Hohleck
Hinterau
Sandhütte
Stein-Grotte-Brunnen 731
726
Hohe Wanne
464
Amalien- berg
Daimler
199
Bernhards- hütte
Schwarzer Gehr
Gumpen
Gautschenkopf 524
Buchwäldle
Rücken
462
OTTENAU
Vorderer Wald
Hinterer Wald
443
Sackspiefe
Heukopf 669
Hollännderk
Käppele
609
Aizer
215
Lug
NFH Hörden
247
307
Lumpenlochrücken
Langenberg 245
Lieblingsfelsen
Flößer- museum
HÖRDEN
Galgenberg 208
2
Sackspiefe
266
Loffenau 319
Strut
Steinsberg
Dt.-Franz.-Touristikroute
Kuppelstein 238
NSG
Lauf bach
Schöllkopf 332
Laufbachwasserfälle
Bockstein
Galgenbosch
166
Krappenbuckel 224
Kellerberg 253
Hüls heck
Großes (Teufel)
Galgeneck 260
GERNSBACH 172
Deponie
352
Krummeck
498
Grenze
Hahn
Unterdorf
Katz'sche Garten
Galgenberg 273
Igelbach
Rittersgrund
Teufelsbett
858
Teufels
Teufelsmü 908
NFH Am Wingolfbrunnen
322
Fechtenbuckel
Hartberg 427
Illert 544
Lochfelsen
Mahd
Alte Weinstraße
260
Frauengrund
SCHEUERN
LAUTENBACH
Lautenfelsen
Teufels
Gernsberg 444
470
Schloss Eberstein
Schwann
Birkelsh
459
Birkelsgrund
Rockertkopf 642
660
Lautensteinebene
695
Vogelhartskopf 818
Haselgrundhaus 839
2
Elsbethhütte
Rockertfelsen
Rockertfelsenhütte
Dachsstein 646
Fußfelsen
825
Vogelhart
Orgelfelsen Rank
OBERTSROT
Dachsstein
Raidenberg 540
313
Kapf
554
Karlsklausen- hütte
HILPERTSAU
Heil
Rauchkammer
Webersberg 557
389
Kl.Schöllkopf
462
337
REICHENTAL
Großer Schöllkopf 514
Waldmuseum
650
Waldfried Schimmelwal
Heidenell
Lindel Lindelhütte
Wingertbuckel
Kestelberg 309
Latschig 481
Barbaumköpfle 554
Hoheck 666
608
567
538
574
Weisenbach 194
Schönblick am Sennel
Schlechtauberg 491
Neudorf
Kreuzfelsen 467
Beckenfelsen
Hummels- wald
Hölle 555
Au im Murgtal
Rod
Bär
Breitfeld 606
Steinernes Kreuz
Breitfelder Hütte
Dachswasen 574
Dachsstein
Hohberg
NFH Bonora
Maienplatz 684
Schachert
Füllenfelsen
0   500m

02

Kulturtour

Haselgrundhütte

Legendenreiche Runde

DAUER	6h 15min
LÄNGE	22,8 km
HÖHENMETER	649 hm
SCHWIERIGKEIT	SCHWER
ÜBERNACHTUNG	nein

Das erwartet dich ...

Kunstvolle Fachwerkhäuser in malerischen Orten, idyllische Bachtäler, felsige Gipfel und aussichtsreiche Höhen machen den Reiz der schönen „Gernsbacher Runde" aus. Markiert wird diese durch die Ebersteiner Rose, die viele Jahrhunderte lang das Wappen der gleichnamigen Grafen zierte. Anekdoten aus vergangenen Jahrhunderten begleiten uns, während wir über Forst- und Wiesenwege, teils auch über steilere Pfade wandern.

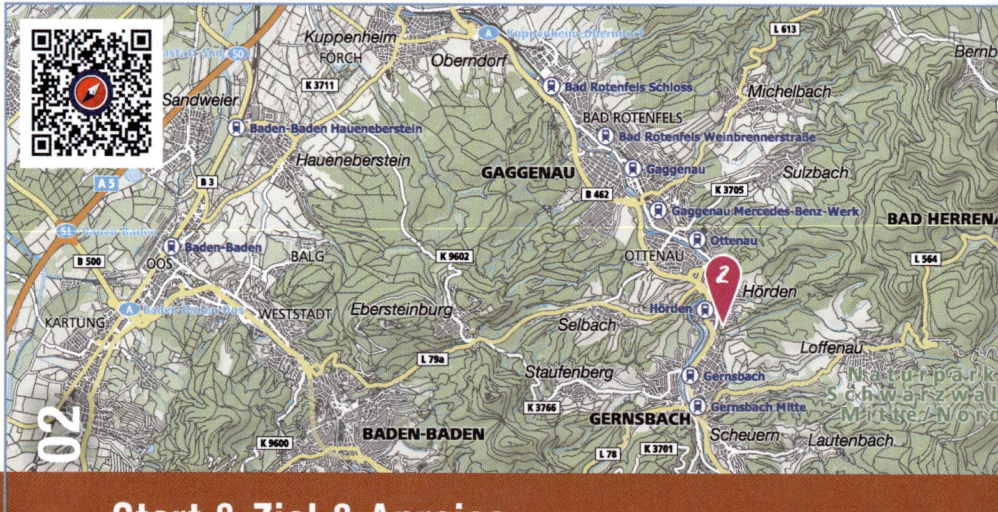

Start & Ziel & Anreise

Die Wanderung beginnt am Wanderparkplatz Laufbachtal. Dieser liegt jeweils 10-15 Gehminuten von den S-Bahnhöfen Gernsbach und Hörden entfernt, an denen die S8 aus Rastatt/Freudenstadt Halt macht. Auch die parallel zur Murg und der S-Bahnlinie verlaufende B 462 führt nach Hörden und Gernsbach.

Tourenbeschreibung

Vom Parkplatz aus folgen wir dem Tal in Richtung Loffenau. Die Tour führt uns bergauf durch den Wald und öffnet sich dann zu einer weiten Wiese. Nachdem wir die Laufbachfälle passiert haben, trennen uns nur noch wenige Minuten von Loffenau. Nach dem Ortseingang halten wir uns links in Richtung Ortsmitte. Hier sollte man sich einen Besuch der Heilig-Kreuz-Kirche und seiner spätgotischen Fresken auf keinen Fall entgehen lassen. An der Kirche biegen wir in die Schulgasse nach Süden ein, passieren das Reiterstüble und halten uns anschließend rechts. Wir gehen am Waldrand entlang in Richtung Lautenbach.

Die wunderbare Aussicht begleitet uns, bis wir tiefer in den Wald gelangen. Schon bald erreichen wir die Illertkapelle, hinter der wir links abbiegen. Dann verjüngt sich der Forstweg zunächst zu einem schmaleren Pfad und steigt steiler und steiler an bis zu den verwitterten Lautenfelsen. Der Legende nach soll der Teufel diese aus der nahe gelegenen Teufelsmühle hinausgeworfen haben – aus Ärger über den Bau der Illertkapelle. Heute können bis zu 6 Personen in der Ferienwohnung der spektakulär gelegenen Teufelsmühle übernachten – den malerischen Weitblick über die Hügel des Schwarzwaldes gibt es gratis.

Ganz in der Nähe lockt die kleine Elsbethhütte am Rockertfelsen mit ihrer schönen Aussicht. Der Name geht auf Gräfin Elisabeth von Eberstein zurück, die bis heute in der Region spuken soll. Mit erdigen Schuhen und einer Suppenkelle in der Hand soll sie abends Männern auflauern und ihnen auf den Rücken springen. Auf dem folgenden Abstieg kommen wir an der Haselgrundhütte und am Rastplatz „Alte Eichen" vorbei und nähern uns dem romantischen Dorf Reichental. Von hier aus führt die Gernsbacher Runde am Reichenbach entlang bis dieser in Hilpertsau in die Murg mündet. Wir folgen weiterhin der Ebersteiner Rose, überqueren die Murg und folgen ihr flussabwärts nach Obertsrot. An der Abzweigung zum Schwimmbad verabschieden wir uns von der Rose und folgen nun den Markierungen der blauen Raute. Wir halten uns rechts, spazieren die Dorfstraße entlang, passieren die Kirche und gelangen über die Murg zur S-Bahnstation Obertsrot.

Um den Tag abzurunden empfiehlt sich ein Besuch der historischen Altstadt von Gernsbach, die wir mit der S-Bahn in wenigen Minuten erreichen. Der Ort wird auch als „Perle des Murgtals" bezeichnet und bezaubert mit Fachwerkhäusern, Brunnen, Sonnenuhren und verwinkelten Gassen. Das Alte Rathaus zeugt vom Reichtum, den die Flößerei der Region einst einbrachte. Errichtet wurde es vom Murgschiffer Johann Jakob Kast als Privathaus. Der Legende zufolge brachte ihn nur ein Engel im Traum von seinem Plan ab, sein Haus mit Silberplatten zu verkleiden. Schließlich änderte er seine Pläne und spendete das Geld stattdessen an eine Armenstiftung. Auch die Liebfrauenkirche (teils aus dem 13. Jahrhundert), die Zehntscheuer (1764-84) und der Storchenturm (1449) gehören zu den Wahrzeichen der Stadt. Alle drei sind Teil der mittelalterlichen Stadtmauer.

GERNSBACH

Staufen-
Oberdorf
STAUFENBERG
Unterdorf
Emmersbosch
Großenberg
Klammen
Galgéneck
Galgenbosch
Ruppelstein 238
Kellerberg 253
Krappenbuckel 224
Schöllkopf 332
Teufelskanzel
Neuhaus
Hahn
Reha-Zentr.
Deponie
Kru
Merkur 1517
Familienfreizeitparadies
Oswaldhaus
Binsenwasenhütte
Kleiner Staufenberg
Wildhag
Stadtwald
Neterhütte
NFH Weise Stein
Frauengrund
NFH Am Wingolfbrünnen
Fechtenbuckel 322
Hartberg 427
SCHEUERN
LAUTENBA
Berg
Kohlplättel 623
Drei-Eichen-Hütte 379
Nachtigall
Müllenbild
Walheimer Hof
Saulachkopfhütte
Gernsberg 444
Kiefescheid 397
Schloss Eberstein
Schwann
Birkelsh
Birkelsgrund 459
Elsbethhütte
Rockerth
Sauersbosch
NSG
Müllenbach 411
Mülenbach 382
Ludwigsbrunnen
Hummelsberg 559
Raidenberg 540
OBERTSROT
Rockertfelsen
Rockertfelsenhütte
Dachss
OBERBEUERN
Breite Wand
Lerchenberg
Forellenzucht
Fischweiher
GAISBACH
Kuchenberg 443
Heidenell
492
Karlsklausenhütte
313
Bennet
HILPERTSAU
Dachstein
Webersberg 557
Heidenell
389
Wingertbuckel
WEISENBACH 194
Kl.Schöllkopf
Kapf
Heil
Viertelswald 521
567
Lindel
Lindelhütte 538
574
462
Großer Sch
337
REICHEN
Öserstein 506
384
Schmal-
bacher
SCHMALBACH 587
Kesselberg
574
Hölle 555
606
Schönblick am Sennel
Au im Murgtal
Kestelberg 309
Schlechta
Engelsgrund
Durchbruchhaus 533
Wald
645
Breitfeld
Dachswasen
Dachsstein 574
Schachert
Neudorf
Kreuzfelsen
Schermhaldekopfhütte
Kugelau 661
Götzenbuckel
Steinernes Kreuz
Breitfelder Hütte
Geberwinkel
Hohberg
NFH Bonora
Maienplatz 684
Füllenfelsen
448
Breitwies
Katzenfelse
Zwieselschlag 703
Eichenploch
Rote Lache 690
Rote Lache
714
Ebel- 503
Kramerstein
Hardtkopf 665
Schildbuckel 556
Hartwiesen
392
Langenbran 527
Spitzenstein 447
Bernbru
cherhof 576
Ruhberg 877
869
Ruhberghütte
wald
Riedkopf 771
Höfelskopf 563
Wolfsheck
Bermersbach 425
Murgtalmuseum
Tennetberg 535
Spitzenstein
607
stegleiterwald
Eierkuchenberg 906
Schollbuckel 567
Gérntel
Kipf 612
Birk
Birkel
Feil 394
Gausbach

0   500m

Hüttentour Obertsrot

Bei den sagenhaften Schwarzwald-Zwergen

Schlosstour 03

DAUER	4h 15min
LÄNGE	15,3 km
HÖHENMETER	650 hm
SCHWIERIGKEIT	MITTEL
ÜBERNACHTUNG	nein

Das erwartet dich ...

Vom Murgtal steigt diese Tour über Forst- und Wiesenwege, aber auch steilere Pfade auf zum Schloss Eberstein. Die Route führt über die mythenumrankten Zwergenhöhlen, zu deren Bewohner wir auf dem Gernsbacher Sagenweg mehr erfahren. Durch waldige Hänge geht es im Anschluss hinab nach Obertsrot, wo nach der schönen Rundtour das Freibad zu einer Abkühlung einlädt.

Die Wanderung beginnt am Bahnhof Obertsrot, an dem die Murgtalbahn Halt macht. Sowohl die S8 aus Rastatt/Freudenstadt wie auch die S81 von Karlsruhe stoppen am Bahnhof Obertsrot. Mit dem Auto erreichen wir die S-Bahnstation über die B 462, die parallel zur Murg und den Bahngleisen hierherführt.

Tourenbeschreibung

Vom S-Bahnhof Obertsrot überqueren wir den Fluss zum Ortskern. Malerisch erheben sich die Weinberge an den Hängen, während hoch oben das Schloss Eberstein von seiner jahrhundertealten Geschichte zu erzählen weiß. Wir folgen der Murg flussabwärts bis zum Abzweig „Am Schlossberg". Hier biegen wir links ab und folgen dem Weg durch Weinberge und einen Baumlehrpfad hinauf zum Schloss. Nach 30 Minuten angekommen, werden wir vom weiten Panoramablick und den Köstlichkeiten der Schlossschänke belohnt. Im Schlosshotel nächtigt man in eleganten Zimmern und kann für 10-80 Gäste stilvolle Feiern arrangieren.

Nach der Rast setzen wir unsere Tour über den Ortenauer Weinweg mit der Markierung der Weintrauben fort. Wir gelangen zum Ochsenkopfweg, der uns in den Wald rund um den Zehntacker führt. Infotafeln berichten von den sagenhaften Bewohnern des Berges. Am Abzweig Jägerplatz halten wir uns links in Richtung

Saulachkopfhütte. Die Weintrauben werden nun von einer blauen Raute abgelöst, die uns in den Wald hinein zur Heidenell-Hütte führt. Überlieferungen zufolge wurden hier von heidnischen Bauern, die sich mit den Zwergen des Gernsberges verbündet hatten, unter einer Eiche Götzenopfer dargebracht. Der blauen Raute folgend gelangen wir über die Lindelhütte zur Breitfeldhütte.

Über den Breitfelder Weg erreichen wir das ehemalige Berghotel Rote Lache. Die Wiedereröffnung als Ausflugslokal mit Biergarten steht kurz bevor, die Aussicht kann man schon jetzt genießen. Eine gute Gelegenheit, sich eine Brotzeit mit Schwarzwälder Schinken zu gönnen. Diese Spezialität wird trocken gepökelt, mit Knoblauch, Koriander, Pfeffer und Wacholder gewürzt und anschließend kalt geräuchert, wodurch die typische, schwarzbraune Schwarte und das kräftige Aroma entstehen. Wir kehren zurück zur Breitfeldhütte und steigen nach Obertsrot hinab, der gelben Raute folgend. Wir erreichen das Naturfreundehaus Bonora, eine urige Selbstversorgerhütte mit Zimmern für 21 Personen. Strom gibt es nur für Küche und Licht. Getränke und ein holzbefeuerter Kachelofen stehen zur Verfügung. Von hier aus queren wir den Hang und gelangen zum Schwimmbad am oberen Ende von Obertsrot.

Blick über den Fluss Murg auf das Schloss Eberstein

04

Moortour

Grünhütte
Am größten Schwarzwaldmoor

DAUER	3h 30min
LÄNGE	14 km
HÖHENMETER	175 hm
SCHWIERIGKEIT	LEICHT
ÜBERNACHTUNG	nein

Das erwartet dich ...

Diese Höhenwanderung bringt uns die landschaftlichen Reize der Hochmoore näher, kombiniert mit malerischen Aussichten und einer bequemen Waldwanderung. Die Bergfahrt der Sommerbergbahn bringt uns komfortabel nach oben.

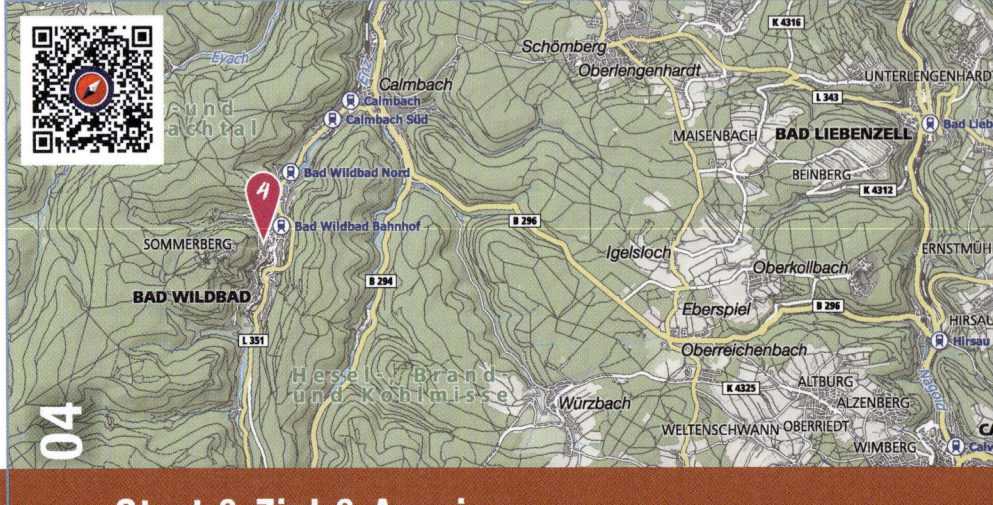

Start & Ziel & Anreise

Bergstation der Sommerbergbahn in Bad Wildbad. Von Pforzheim aus erreichen wir Bad Wildbad in einer halben Stunde mit dem Auto oder mit der S6 (Enztalbahn). Ausstieg an der Haltestelle „Bergbahntalstation". 300 Höhenmeter und weniger als 10 Minuten trennen den Wanderer hier von der grandiosen Aussicht über die Kurstadt und die Laubwälder der Umgebung.

Tourenbeschreibung

Die Sommerbergbahn bringt schon seit über 100 Jahren Sommerfrischler auf den gleichnamigen Hausberg von Bad Wildbad. Heutzutage befördert sie auch immer häufiger Fahrräder, denn der Bikepark hoch über dem Großen Enztal erfreut sich größter Beliebtheit. Hier können Bergsportler ihr Können auf insgesamt 9 Strecken unter Beweis stellen. Biker-X, Dual-Slalom, Freeride- und Downhill-Strecken sind dabei. Zusätzlich zur Standseilbahn stehen den Bikern auch zwei Skilifte zum Transport zur Verfügung. Wer keine eigene Ausrüstung hat, kann diese bei der Bikestation ausleihen. Auch Fahrtechnikkurse werden angeboten.

Von der Bergstation aus folgen wir dem Panoramaweg leicht ansteigend bis zur Saustallhütte. Hier biegen wir links ab, um nach wenigen Metern rechts in den Peter-Liebig-Weg zu wechseln. Wir gelangen zur Wegkreuzung „Fünf Bäume" und orientieren uns ab hier an den roten Rauten, die den Mittelweg markieren. Der

Wanderweg führt uns entlang dem Alten Grünhüttenweg, vorbei an Laternenbuckel und Langenwaldebene bis zur idyllischen Waldgaststätte „Grünhütte". Es ist Zeit für eine ausgiebige Rast im einladenden Biergarten, denn in der Grünhütte werden beste schwäbische Spezialitäten serviert. Auch E-Bikes können hier aufgeladen werden. Weiter geht es leicht bergauf durch den Blockhauswald. Der roten Raute folgend biegen wir links ab und erreichen die Weißensteinhütte, an der der Bohlenweg durch das angrenzende Wildseemoor beginnt.

Hier, auf der Hochebene zwischen Gernsbach und Bad Wildbad, liegt das größte Hochmoor des Schwarzwaldes und zugleich das älteste Naturschutzgebiet Baden-Württembergs. Hier sind seit Jahrmillionen pflanzliche und tierische Lebensgemeinschaften zu finden, die Biologen sonst nur aus Skandinavien kennen. Diese Schutzwürdigkeit des Biotops wurde schon früh erkannt und so wurde bereits 1914 die badische Seite und 1928 die württembergische Seite zum Naturschutzgebiet erklärt. Die Region ist extrem niederschlagsreich und bietet so einer ganz eigenen Flora einen Lebensraum. Eigenartige Baumgestalten umgeben die beiden größten Seen Wild- und Hornsee. Vom Bohlenweg aus hat man zwischen Legföhren und Birken wunderbare Ausblicke auf die von Schwingrasen umgebenen Seen. Besonders eindrucksvoll ist das Moor im Juni, wenn das Wollgras mit seinen Haarschöpfen weiße Tupfen in die Landschaft zaubert oder im Herbst, wenn die Moorpflanzen in leuchtenden Farben erstrahlen.

An der Leonhardhütte nehmen wir den links abknickenden Weg in Richtung Sprollenhaus. Den Markierungen der gelben Raute folgend wandern wir hinunter ins Kegelbachtal. Das Freizeitheim Sprollenhaus ist ein Selbstversorgerhaus für Jugendgruppen mit max. 40 Personen und liegt an der Mündung des Kegelbachs in die Große Enz. Unser Ziel ist das Gasthaus „Hirsch", denn von dort aus startet der Bus zurück nach Bad Wildbad. Zugleich bietet das Gasthaus eine schöne Übernachtungsmöglichkeit, um am nächsten Tag früh und frisch zu neuen Wanderungen aufzubrechen.

Lochfelsen
Teufelsmühle
908
Mahd
916
Am Rank
Dürreych
Häuser
Hahnen-falzhütte
Hahnenfalzweg
Seeberg
728
Hirschklinge
Etschber
831
Lautensteinebene
695
Vogelhartskopf 818
.839
Lerchenstein 918
947
Rezenlohhütte
872
Haselgrundhaus
825
Langmartskopf
942
Stillwasser-hütte
Rezenloh
Vogelhart
Orgelfelsen
797
Rankhütte
Langmarts-kopfhütte
Staatswald
936
P H
Orgel-felsenhaus
P H
934
Kleiserstein
Stadtwalder Kopf
Rotwasserhütte
Hilpertsberg
554
596
945
Finsterklinge
NSG
REICHENTAL
Kreuzle
Brotenau
Postweg
Hornberg
Rauchkammer
Glaserwald
Birkenbaum
914
Steinernes Brückle
Waldmuseum
650
Waldfried
Letzen-berg-hütte
893
Kreuzlehütte
Kalten
Rossstall
Hornsee
909
883
Weiß hütte
Schimmelwald
Teufelsgrab
Latschig
481
Hoheck
666
Milbigwiesen
608
Brunnrück
939
bronn
Saatschulhütte
Wildsee
NSG Wildseemoor
Wanne
Barbaumköpfle
554
Beckenfelsen
467
Riedhütte
Bärtann
Schwarzmisshütte
921
Leonhardshütte
Hummels-wald
Pragerhütte
Mannslohweg
Büchwäldle
Hohe Schaar
711
Kaiser-Wilhelm-Turm
5
KALTENBRONN
817
eben
Oberried
984
Hohloh
Infozentrum
Kegelrain
Schwarzer Grund
Riedberg
983
NSG Großer Hohlohsee
Buchenloh
Hohlohsee
Klimm
und
Auer-hahnenstein
Diebstich
Schwärzer Rain
Kege
Forkel
648
Prinzenhütte
985
Hochmoor
Ollachen
Hahnenstein
Diebstich
Kegel
652
Hoher Draberg
965
Breitloh-miss
983
Redoute
950
Hintere-
Dietershütte
Schön
845
984
Suhien
Neuläger
945
Siebischwäldle
Viereichen
Schneeschleif-hütte
Vordere-
Ebene
823
Schobelsrain
Häulerwald
958
Neuacker
898
Viereichen-sattel
Dietersberg
917
Dietersbergsee
Brennwald
Weinbrunner Wiese
Junkergäng
Vollmerswald
Kaltenbron
Brunnenberg
925
Rindenhütte
Fohrenberg
Hornfelsen
Eulstein
675
701
Hornberg
Eberloh
Hirschbrunnen
Rohnbach
Hirschkopf
Hirschtalhütte
910
Schneckenkopf
754
Enzklöster
Nonne
693
924
Fischerganger
Rotwildgehege Waldklettergarten
Schnitzereimuseum Krippena 2000

0   500m

05

Moortour

Kreuzlehütte
Bohlenwege zum Hochmoor

DAUER	2h
LÄNGE	7,5 km
HÖHENMETER	128 hm
SCHWIERIGKEIT	LEICHT
ÜBERNACHTUNG	nein

Das erwartet dich ...

Kaltenbronn ist der Name eines Weilers mit Skilift, Loipen und Rodelhängen, aber auch des umliegenden Naturschutzgebietes. Wir wandern durch das Wald- und Moorschutzgebiet zum Hohloh-Turm, der an klaren Tagen mit spektakulären Ausblicken bis hinüber zu den Alpen lockt. Botanik-Fans kommen auf dieser Wanderung voll auf ihre Kosten, die Bohlenwege rund um die Hochmoore machen die Tour außergewöhnlich.

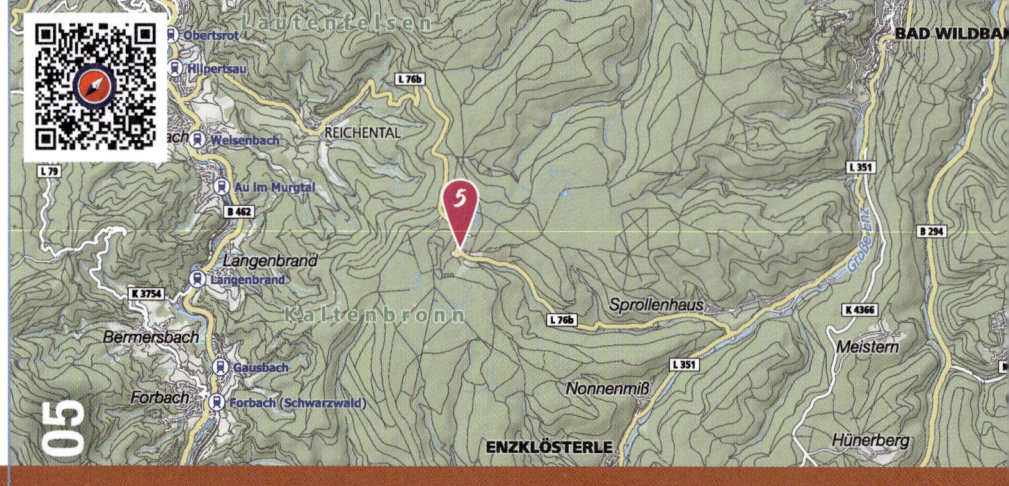

Start & Ziel & Anreise

Ausgangspunkt ist der Parkplatz Kaltenbronn in der Kehre nahe dem Skilift, erreichbar über die L76b, die Murg- und Enztal verbindet. Von den Bahnhöfen Gernsbach und Obertsrot fährt die Buslinie 242 in einer Stunde zur Haltestelle Kaltenbronn. In Gernsbach macht die S8 aus Rastatt/Freudenstadt Halt, aus Karlsruhe-Rastatt reisen wir mit der S81 an.

Tourenbeschreibung

Bevor wir die Tour beginnen, bietet sich ein Besuch im Infozentrum an, das im nahe gelegenen historischen Rasthaus untergebracht ist. Hier erfährt der Besucher Wissenswertes über die fragilen und doch so wertvollen Moore und Bannwälder rund um Kaltenbronn. In Moorgebieten ermöglicht ein hohes Wasservorkommen die flächige Ausbreitung von wasserspeichernden Moosen, sog. Torfmoosen. Niedermoore werden vor allem aus dem nährstoffreichen Grundwasser gespeist, Hochmoore wie hier in Kaltenbronn fast ausschließlich über das nährstoffarme Regenwasser. Torfmoose saugen Wasser auf und speichern etwa das 20-fache ihres Eigengewichts. Hochmoore sind polsterartig von Torfmoosen bedeckt, am schnellsten wachsen diese an den feuchtesten Stellen.

Vom Parkplatz in der Straßenkehre aus folgen wir dem Mittelweg, der durch eine rote Raute markiert ist, bergauf. Entlang des Kegelbachs sind viele Farn- und

Blütenpflanzen zu entdecken, die hier im Naturschutzgebiet Kaltenbronn optimale Bedingungen vorfinden, z.B. der zarte, fleischfressende Sonnentau. Zweimal quert der Weg den Bach und führt uns dann zu den Hochmooren am Großen Hohlohsee. Ein Bohlenweg bringt uns trockenen Fußes über das Moor und weiter zum Waldweg in Richtung Hohlohturm. 1856-1887 stand hier bereits ein hölzerner Aussichtsturm, der dann durch die steinerne Variante ersetzt wurde. 1968 wurde der bisherige Turm auf 28,6 m ausgebaut, damit er die Baumwipfel weiterhin überragte. An klaren Tagen bietet der Turm sagenhafte Ausblicke. Viele der umliegenden Bäume fielen den Orkanen Wiebke (1990) und Lothar (1999) zum Opfer, sodass heute weite Flächen am östlichen Steilhang gerodet sind.

Vom Hohlohturm aus folgen wir weiterhin der roten Raute nach Osten zum Parkplatz „Schwarzmiss". Wir queren die Passstraße und erreichen geradeaus die nicht bewirtschaftete Kreuzlehütte. Bänke und Tische vor der Hütte bieten sich allerdings für eine Rast an. Hier laufen viele Wege zusammen, wir folgen dabei der gelben Raute rechts in Richtung Wildseemoor. Der Weg führt direkt zur Saatschulhütte am Rand des Moors. Wir treffen hier wieder auf die rote Raute des Mittelwegs und folgen dieser zurück zum Wintersportzentrum Kaltenbronn.

Der Hohlohturm

Eulstein 675
Hornfelsen
Hornberg
kopf
368
Saubach
atzenstein
Oberwies
Sauberg 713
Reichards-haupt
683
Zwerchbachhöhe
729
Vogelsgrund
renwinkel 626
St. Anton
Schramberg 920
516
Birkenhart
elbacher Kopf 657
Sauloch
Redoute
ugkopfhütte
Gießhübel
913
Buhwald
Gießhübelkopf
Brandberg
859
kwasen
E h i n g e r   W a l d
Kaltenbach
W i n t e r
w a l d
Palmberg 647
Kalthaupt
Römerfeld
899
Auf dem Berg
Neuhaus-hütte
Zwerchberg 868
Grubenberg 665
Schwarzenbach-hütte
Eichberg
Dachsberg
Ernst-hütte
888
W i e d e
Hohmüsse
863
O b e r d e n
Böhren-berg
schönmünzach
Verlobungs-felsen
Gertruden-tanne
Löwens, Panoramastüble
Robert-Schneider-Hütte
Ob. dem Mönchweg
Ä c k e r n
882
Charlotte-hütte
Schwarzen-berg
532
Rotenrain
Schwarzen-bergh.
iller's Löwen
oßgrund
Murgtalbahn
Schlossberg
köpfle
Schloss Silberberg
Schwarzwald-Tälerstraße
Silberberg 462
Silberh
Urnagold
Nageldursprung
Hirsch
Nagoldquelle
Tannenhof
ufelsmühle
belwald
Huzenbach
Lochnau
Schützen
Ludendorf
Sonnenblick
Hotel Oberwiesenhof
Konradshof
B e s e n f e l d
837
Füllenbachh.
Pferdekoppel
B r e n n t e n w a l d
Zur Forelle
Schorrental
S e e w a l d
Schorrenberg 774
Eberloh 693
Hirschbrunnen
Rohnbach
Hirschkopf 910
Rotwildgehege Waldklettergarten
Schnitzereimuseum
Krippena 2000
Enzklösterle
924
Fischerganger
Hermanns müß
Ebene
Hetscheli
916
Toter Mann
694
Ahornsgrund
Kohlenmeiler
Rußhütte
Rußhütte
Zum Löwen
916
Hirschlach
867
Süßenkopf
Süßbrunnen
Süßbächle
Rohn-bach
Scha
888
Süßmüß
Süßfeld
Zwickgabel
Zwickgabelbrunnen
Altes Haupt
855
Bärenkopf
Petersmühle
Großes Bärloch
Langenhart
Langenhart
Saubusch
Barongartenhütte
Rindenhütte
Glaiberhütte
Schläuflersteige
Riesbuckel
831
Kaltenbach
Gompelscheuer
Enzquelle
Kusterbrunnen
Kellerloch
B u c h s c h o l l e
Waldeck
Mühlenmuseum Poppelmühle
Poppeltal
Rosi
859
Erlebniswelt
Riesenrutschbahn
Sommerbobbahn
Poppelsw
Mühlhalde
840
Seekopf
Schwarzwald-Bäderstraße
B r ü c k l e s h a u
294
W u l z e n t e i c h
G l a s h ä u s e
802
Wal
Eisenbach
Göppinger
K i r c h w a l d
665
Schorrenhütte
0   500m

06

Waldtour

Gompelscheuer Hütten
Am Enzursprung

DAUER	3h 30min
LÄNGE	12,8 km
HÖHENMETER	258 hm
SCHWIERIGKEIT	LEICHT
ÜBERNACHTUNG	nein

Das erwartet dich ...

Diese bequeme Wanderung führt uns über Forstwege, auf den Spuren des histo-rischen Flößerei-Handwerks im Schwarzwald. Die Enz entsteht durch den Zusam-menfluss von Großer und Kleiner Enz bei Calmbach nördlich von Bad Wildbad. Kaltenbach und Poppelbach fließen bei Enzklösterle-Gompelscheuer zur Großen Enz zusammen. Nur wenige Meter neben diesem Zusammenfluss wurde eine kleine Quelle gefasst und als Enzquelle bezeichnet.

06

Waldtour

Start & Ziel & Anreise

Ausgangspunkt ist die Enzquelle an der Freudenstädter Straße in Gompelscheuer. Zu erreichen ist der Ort mit dem Bus 7780 aus Freudenstadt und Bad Wildbad. Mit dem Auto fahren wir über die B 294 bis zum Parkplatz Kaltenbach. Der Parkplatz befindet sich direkt am Wanderweg.

Tourenbeschreibung

Im beschaulichen Örtchen Gompelscheuer liegt die von einer Natursteinmauer eingefasste Enzquelle. Hier vereinigen sich Kaltenbach und Poppelbach zur Großen Enz, dem Namensgeber des Enzkreises. Die Quelle ist auch der Beginn des 115 km lange Enztal-Radwegs, der bis nach Besigheim führt, zur Mündung der Großen Enz in den Neckar.

Dem Kaltenbach bergauf folgend beginnen wir unsere Wanderung. Am Flößerhaus halten wir uns links, passieren den Parkplatz Kaltenbach und gelangen, dem Bachtal durch Wiesen und Wälder folgend, zum Kaltenbachsee. Dieser wurde 1782 angestaut, um gewaltige Mengen an Eichenholz aus dem Schwarzwald über den Rhein bis in die Niederlande befördern zu können. Das geschäftige Treiben des damaligen Holzhandels kann man heute kaum noch erahnen, bestimmt doch die Stille des Waldes die Atmosphäre, die man von der Schutzhütte aus genießen kann. Hier queren wir den Kaltenbach und folgen dem Weg zur Lägerhalde. Das Bachtal lassen wir hinter uns und steigen bergauf durch den bewaldeten Hang bis wir die Neuhaushütte erreichen, eine Schutzhütte an der Alten Weinstraße.

Hier zweigen wir rechts ab und orientieren uns nun an der roten Raute, dem Zeichen der Alten Weinstraße. Dieser historische Höhenweg, der den Schwarzwald von Nord nach Süd durchzieht, führt nach Norden in Richtung Hohloh. Immer wieder ziehen dabei auf der linken Seite die Bergkuppen des Nordschwarzwaldes die Blicke auf sich. Am Abzweig nach Gompelscheuer halten wir uns weiterhin geradeaus und wandern so hoch über Murg- und Enztal bis zum Brunnen am Blockhaus Schramberg. Hier ist es Zeit, den Bergkamm zu verlassen und nach rechts in Richtung Gompelscheuer abzusteigen. Wir lassen uns von den Markierungen der blauen Raute leiten. Am Süßmiss stößt ein weiterer Wanderweg dazu, wir setzen unseren Weg fort. Über die kleine Barongartenhütte gelangen wir wieder ins untere Kaltenbachtal und zurück zu unserem Ausgangspunkt, der Enzquelle in Gompelscheuer. Übernachtungsmöglichkeiten gibt es in Enzklösterle.

Für den Bau von Kriegsschiffen für die Niederlande waren die Laubbäume des Schwarzwaldes als Rohstoff sehr begehrt. Die Holz- und Flößerindustrie entwickelte sich rasend schnell. Die gigantischen „Holländerflöße" wurden rheinabwärts nach Amsterdam gedriftet. Dafür wurden die Flüsse begradigt, um sie „floßbar" zu machen. Der Rubel rollte. Doch der Preis war hoch: Nahezu der gesamte Nordschwarzwald wurde entwaldet. Erst seit dem 19. Jahrhundert wird eine geordnete Forstwirtschaft praktiziert, vor allem mit Fichten. Nur wenige ursprüngliche Laubwälder haben den Kahlschlag überlebt, z.B. der prachtvolle Femelwald bei St. Roman oberhalb des Kinzigtals.

Autoren Tipp

Im Ortsteil Poppeltal befindet sich der Seewald Freizeitpark Enzklösterle. Er besitzt die längste Riesenrutschbahn im süddeutschen Raum. Ein Schlepplift bringt uns 1500 Meter hinauf auf den Seekopf. In einer Edelstahlrinne geht es in Steilkurven ins Tal. Die Geschwindigkeit kann dabei jeder selbst bestimmen. Im Naturhochseilgarten mit Seilbrücken unterschiedlicher Schwierigkeitsgrade bis 12 Meter Höhe, Mega-Seilbahn oder auch Free-Fall findet jeder seine ganz persönliche Herausforderung.

Hesselbacher Kopf 657
516 Birkenhart
Sauloch
73 Zugkopfhütte
ugkopf
Gießhübel
913 Buhwald
Redoute
888
Süßfeld
Süßmüß
Altes Haupt
Zwickgabel
Bärenkopf
855
Großes Haupt
Langenhart
Barongartenhütte
Glaiberhütte
Rindenhütte
Gießhübelkopf 859
Brandberg
Blockwasen
E h i n g e r   W a l d
Saubusch
Langenhart
831
Riesbuckel
Schlauflersteige
Gompelscheuer
Enzquell
Kubbisserbrunnen
Kellerbach
tenbach
Kaltenbach
W i n t e r
w a l d
L ä g e r h a l d e
S p i e l b e r g
Waldeck
Rosi
Mühlenmuseum Poppelmüh
Poppeltal
Riesenrutschbahn
Sommerbobbahn
Rippelsee
Mühlhalde
Palmberg 647
Kalthaupt
Römlerfeld
899
Auf dem Berg
Neuhaus-hütte
W i e d e
H o h m ü s s e l
863
840
Seekopf
Zwerchberg 868
Grubenberg 665
Schwarzenbach-hütte
Gertruden-tanne
Schönmünzach
Verlobungs-felsen
Emst-hütte
882
888
O b   d e n   A c k e r n
Charlotte-hütte
B r ü c k l e s h a u
Schwarzwald-Bäderstraße
P
Schwarzen-berg
Löwens Panoramastüble
E i c h b e r g
Dachsberg
Böhrenberg
Robert-Schneider-Hütte
W u l z e n t e i
Nagoldursprung
nnenhof
umpp
Stuhlberg
Stuhlberg 615
Müller's Löwen
Stoßgrund
Blockhaushof
Murgtalbahn
532
Rotenrain
Ob dem Mönchweg
Urnagold
Hirsch
Nagoldquelle
Tannenhof
Eisenbach
K i r c h w a
Eckköpfle 681
Silberh.
Schloss Silberberg
Schwarzwald-Talerstraße
Silberberg
462
Schwarzen-bergh.
Schwarzen-berg
837
Sonnenblick
Oberwiesenhof
Besenfeld
Hotel Konradshof
Pferdekoppel
665
Schorren
nhardsh.
Teufelsmühle
Huzenbach
Lochhau
Ludendorth
Füllenbachh.
S e e w a l
B r e n n t e n w a l d
Zur Forelle
Schwarzwald-Bäderstraße
Kräwäldle
Schorrenber 774
Schorrental
aner H.
Vorderer-
Lietberg
erer-
877
tberg-
tte
Töbel-wald
Sommerseiten-unterstand
Rossloch-hütte
Oberer
Schlössleswald
Ruine Königswart
817
Schlösslesberg
Brand
E r l e n w ä l d l e
Auermahnhütte
Sägmühle
Rotler
Urnagolder Berg 749
Pferdeweg
Unteres-Bärloch
Sulzwandhütte
484
Sulzwald
Oberes-Bärloch
mmerlochn
Hindenburg-hütte
Seelochhütte
Röter Kopf 866
er-Hartgrube
Röter Berg
Ritterrain
Schönegründ
Langer Wasen
Unterer Bruckenberg
Eichen
Hirschkopf

0   500 m

Panoramatour 07

Neuhaushütte
Murgtal- und Alpenblicke

DAUER	2h 45min
LÄNGE	10,3 km
HÖHENMETER	209 hm
SCHWIERIGKEIT	LEICHT
ÜBERNACHTUNG	nein

Das erwartet dich ...

Die bequeme Wanderung führt über Forstwege rund um das Höhendorf. Der in der Tour enthaltene Erlebnispfad „Auf den Spuren von Felix, dem Seewaldfuchs" begeistert kleine Naturfreunde mit kniffligen Fragen. Größere Wanderer schätzen wunderbare Ausblicke ins Murgtal.

Start & Ziel & Anreise

Ausgangspunkt ist das Rathaus von Besenfeld im historischen Gasthaus „Sonne". Zu erreichen ist die Haltestelle „Altes Rathaus" mit dem Bus 7780 aus Freudenstadt und Bad Wildbad. Es bestehen auch Busverbindungen nach Hinterlangenbach und Seibelseckle (A 12, 23). Per Auto fährt man von Freudenstadt oder Pforzheim aus auf der B 294.

Tourenbeschreibung

Das Höhendorf Besenfeld wurde schon im Jahr 1090 urkundlich erwähnt. Im Mittelalter war es von zentraler Bedeutung für den Warenhandel, denn der beschauliche Ort war ein wichtiger Transport-Knotenpunkt. Hier traf die von Nord nach Süd verlaufende Alte Weinstraße auf viele weitere Handelswege wie den Erzweg, den Ochsenpfad und den Pfahlweg. Mühsam wurden die Waren mit Karren und Ochsengespannen von Calw, Pforzheim und Nagold hinauf, über die moorige Hochebene hinweg und wieder hinab in die Täler gezogen. Erst mit dem Bau der Talstraßen im Murg- und Enztal (1831) verlor die Alte Weinstraße ihre historische Bedeutung. Zentraler Ausgangspunkt in Besenfeld ist das Rathaus im historischen Gasthaus „Sonne" – hier bietet sich auch eine schöne Übernachtungsmöglichkeit, mitten im Zentrum des für seine vielen Brunnen bekannten Ortes.

Der Wanderweg, den wir zunächst einschlagen, nennt sich „Brunnenweg". Der Name ist Programm, denn schon zu Beginn erfahren wir mehr über drei Brunnen, deren Geschichte jeweils auf einer Infotafel erläutert wird. In unmittelbarer Nähe zum Rathausbrunnen befindet sich in einem Hinterhof eine ehemalige Zisterne. Am alten Rathausbrunnen mit dem „Besenfelder Bua" folgen wir der Hauptstraße B 294 westwärts bis zum Hotel Sonnenblick. Nach dem Hotel biegen wir rechts ab und verlassen die Ortschaft. Über Wiesen führt der Weg hinauf bis zum Stüberg, überquert den Höhenrücken und senkt sich dann hinab in Richtung Murgtal. Am Abzweig Steigberg biegen wir nach rechts ab und folgen nun der gelben Raute. Über die Hänge von Steigberg und Böhrenberg wandern wir mit schönsten Ausblicken über das liebliche Murgtal. An der Weggabelung Scheiterweg wechseln wir von der gelben zur blauen Raute. Bis ins 19. Jahrhundert hinein wurde der Scheiterweg für den Holztransport zwischen Murg-, Enz- und Nagoldtal genutzt. Die blaue Raute führt uns zur Neuhaushütte, einer Schutzhütte an der Alten Weinstraße. In den Hochzeiten des Schwarzwald-Holzhandels befand sich hier ein gigantischer Holzlagerplatz. Die Hütte wird auch als Oberforstrat-Ebert-Hütte bezeichnet. Sie wurde von der damaligen Gemeinde Besenfeld in den 1950er Jahren errichtet. Vom Oberen Neuen Haus sind heute nur noch wenige Mauern und der Brunnen zu sehen. Hier zweigen wir rechts auf die Alte Weinstraße ab, die mit einer roten Raute gekennzeichnet ist.

Auf dem Rückweg nach Besenfeld eröffnen sich wunderbare Blick auf die Hornisgrinde, die höchste Erhebung im Nordschwarzwald. Der beste Platz für eine Rast mit Ausblick ist die „Robert-Schneider-Hütte". An dieser Schutzhütte beginnt auch der liebevoll gestaltete Naturlehrpfad „Auf den Spuren von Felix, dem Seewaldfuchs", der kleine Wanderfreunde mit kniffligen Fragen für die Natur begeistert. Wir wandern nun am Waldrand entlang und können den Blick bei klarer Sicht bis zur Schwäbischen Alb schweifen lassen. Sogar die Alpengipfel Säntis, Eiger, Mönch und Jungfrau sind von hier aus manchmal zu sehen. Im Schlehwinkel knickt der Weg nach rechts ab und führt zurück zur B 294 in Besenfeld. Nach wenigen Metern in Richtung Westen sind wir zurück am Gasthaus „Sonne".

Rottannen-moos
Unterstmatt
Rauhalde
Rauhalde-hütte
Jägerteich
Harmersbrunn
Vorderer Ochsenkopf 984
Dreibrunnen
Murkopf 1003
Kleines Mur
Großes Mur
Hundsrücken
Skihütte u. Wanderheim 1080
Ochsenstall
Skihütte Himmelhütte
Kanderloch
Hint. Sauloch
Hauerskopfweg
Aschenplatz
Gretelsteich
Zur Forelle
679

$\ddot{a}$ r k -
500
merplatzkopf
1136
Blindsee
Bismarck-turm
1163
Hornisgrinde
turm
Katzenkopf
1123
Mummelsee
Berghotel Mummelsee
Dreifürstenstein
956
Biber-kessel
Obergrind
1091
Balzgänger 920
Philippenkopf 958
Lägermatten 811
Bierbach
Sauerbrunnen
Unterer Tanzplatz
Hauerskopf-hütte 982
Großer Hauerskopf 988
Viehläger
Kleiner Hauerskopf 940
Hundsbach
Biberach
Ob. Langeckweg
Schwallung
Tanzplatz
Langengrinde
Tiefengraben
944
Obere Wagleitersmü.
Wackersbrunn

Lenderswald
Rasthütte Seibelseckle
Tanzplatz
Brandhütte
Hinter-langenbach
Forsthaus Auerhahn
Zwiesleckweg
Oberer
Kirchgraben
692
Unterer
langenbach
Mittel-
Schwarzkopf 1058
Fürstenstein
Gr. Jägerbrunnen
Züftfestbrunnen
Härzwald
Hosen-rütscher
Steinbruch
Steinbruch
Wolfsbrunnen
Schwarzen-bach
Geißkopf 1086
Allerheiligenmark
Woteshütte
Leienfels
Dürrenwald
Deckerhof-mühle
Schwarzenkopf
Achert
Altsteigerskopf 1092
Lothardenkmal
Darmstädter Hütte
Fischergrube
959 Falzköpfle
Wiesberg 990
Leinkopf 992
denberg
Seebach-hotel
Großer Schrofen
Alte Steig
Seeleger
Palm-loch
Aschengrube
Wiesberg
Försterhütte
Kressenteich
Achert
Kapellen-buckel 950
Seekopf 1054
Schnurren-
Seeloch
Scherzenfelsen
Kernhof
Mannheimer Hütte
Buchwald
hansen-wald
Eutin-grab
Wildsee
Hinterer Pfälzer
Pfälzerkopf 1012
Vorderer Pfälzer
Sauloch
Falkenschrofen
841
915
Nationalparkzentrum
Ruhestein
Ruhesteinschänke
Kressen-härt
Brunnentrögles-hütte
Stüble
Stübleskopf 994
Riesenköpfle 1001
Vogelskopf 1056
Bärenstein
Eutinghütte
Stübleshütte
Melkereikopf
1016
Ettlinger Hütte
Auerhahnhütte
Beierhütte
Kohlplatz
Leger
Krumme-birkhütte
Schlangenkirc
Karl-Friedrich-Hütte
Schweinkopf 1014
Langhartkopf 872
Otter-bau
Sturmhütte
Traubhütte
Rotmurg-Jägerhaus
Wüste Klinge
Rottainsberg
Schwabenkopf 812
Heiden-bühl
Kohlgrube
500
Muckenloch
Hölle
830
Steinesche
Rehstall
Häusel hütte
ehem. Kloster St. Ursula
Höllbrunn
Wolfachhöhe
Im Nationalpark Schwarzwald Wegegebot beachten!
Telleskopfle
Kammerloch
Röhrsberg 959
Dölleshütte
Tellesfelsen

0   500m

08

Seetour

Darmstädter Hütte 1
Urwald und Schwarzwald-Panorama

DAUER	4h 15min
LÄNGE	13,5 km
HÖHENMETER	402 hm
SCHWIERIGKEIT	MITTEL
ÜBERNACHTUNG	nein

Das erwartet dich ...

Diese abwechslungsreiche Rundtour ist als einer der Baiersbronner Himmelswege bekannt. Wir tauchen ein in den Nationalpark Schwarzwald, passieren die Moorlandschaft des Wildsees, durchqueren mystisch anmutenden Urwald und können bei guter Sicht vom Westweg bis zur Rheinebene hinüberblicken. Überwiegend wandern wir auf bequemen Wegen. Das wurzelige Wildseewegle erfordert Trittsicherheit.

Start & Ziel & Anreise

Ausgangspunkt ist der Wanderparkplatz beim Hotel Forsthaus Auerhahn im Waldweiler Hinterlangenbach. Die B 462 folgt der Murg bis Schönmünzach. Hier biegt man von der B 462 in das Seitental Richtung Hinterlangenbach ab. Es bestehen auch Busverbindungen nach Besenfeld und Seibelseckle (A 12, 23).

Tourenbeschreibung

Am Forsthaus Auerhahn orientieren wir uns an den Hirsch-Wegweisern und starten bergauf in den Wald hinein. Am Allerheiligenweg knickt unsere Route nach rechts ab und führt ca. 30 Minuten hinauf durch den Wald. Nach dem Überschreiten der Bergkuppe geht es in Wegkehren hinab zum Wildsee. Die hier gelegene Schutzhütte nutzen wir für eine Rast und genießen die ungewöhnliche Moorlandschaft. Die rotbraune Färbung des 12 m tiefen Wildsees kommt von den Gerbstoffen, die die moorigen Böden ins Wasser abgeben. Sie machen das Wasser nährstoffarm und sauer. Nur ganz bestimmte Pflanzen sind auf diese Lebensgrundlage spezialisiert.

Vom See aus geht es nun über die vielen Wurzeln des Wildseeweges hinauf durch Baden-Württembergs ältesten Bannwald. Urzeitlich mutet die Landschaft hier an, denn dieser deutsche Urwald wird nicht forstwirtschaftlich genutzt. Abgestorbenes Holz wird nicht entfernt, sondern bietet Lebensraum und Nahrung für Tiere und schützt die zarten Keime junger Pflanzen. Schon bald erreichen wir den Westweg. Wer möchte, macht einen Abstecher nach links zum Aussichtspunkt Euting-Grab, unser weiterer Weg führt allerdings auf dem Westweg nach rechts, immer dem Hirsch folgend. Schon bald gelangen wir zur Darmstädter Hütte – ein wunderbarer Ort, um Kaffee, Kuchen und warme Speisen in wunderbarer Kulisse zu genießen (Dienstag Ruhetag). Die Wander- und Ski-Hütte liegt direkt am Westweg und ist über faszinierende Wanderrouten durch den Schwarzwald erreichbar. Am Weg entlang eröffnen sich immer wieder herrliche, weite Aussichten über Wälder, Täler und atemberaubende Naturkulissen des Schwarzwalds.

Nach der Stärkung führt uns die Route bergab zum Skilift Darmstädter Hütte und biegt hier rechts ab. Wir wandern nun fast eine Stunde am Hang entlang und nutzen am Achertalblick die einladenden Sitzbänke, um das Panorama zu genießen. An klaren Tagen können wir hier sogar bis zur Rheinebene und in die Vogesen blicken. Nach etwa einer Stunde gelangen wir zum Seibelseckle, einem Alpinski-Zentrum am Schwarzkopf, an dem auch mehrere Loipen und Wanderwege zusammenlaufen. Im urigen Rasthaus am Seibelseckle können wir uns mit einer echten Schwarzwälder Brotzeit, einer Suppe oder Kaffee und Kuchen stärken. Am Hang der Hornisgrinde entlang führt uns der Baiersbronner Himmelsweg bergab über den Pommertsbrunnen zur Verzweigung Untergrinden. Wir folgen dem Hirsch-Zeichen zur Brandhütte und steigen von hier ab, zurück zum Forsthaus Auerhahn. Übernachtungsmöglichkeiten gibt es in Baiersbronn.

Autoren Tipp

Die hier beschriebene Tour folgt passagenweise dem 91 km langen Baiersbronner Seensteig, der zu Deutschlands Top-Wanderwegen zählt und am Bahnhof Baiersbronn beginnt. Er führt an den stillen Ufern mooriger Karseen entlang, schmiegt sich an malerische Bachläufe und steigt an zu aussichtsreichen Bergkuppen, die die sanften Hügel des Schwarzwaldes überblicken. Im Verlauf der 4-5-tägigen Tour passiert man den Sankenbach-, Ellbach-, Buhlbach-, Mummel-, Schurm- und Wildsee sowie den Hutzenbacher See.

Dreibrunnen
Murkopf 1003
Kleines Mur
Hundsrücken
Känderloch
Hint. Sauloch
Aschenplatz
Kanellochweg
Hauerskopfweg
Gretelsteich
Zur Forelle
679

Großes Mur
Skihütte u. Wanderheim Ochsenstall 1080
Skihütte Himmerhütte
Hauerskopf-hütte
Großer Hauerskopf 988
Kleiner Hauerskopf 940
Hundsbach

500
1136
Unterer Tanzplatz
Lägermatten 811
Biberach

Bismarck-turm 1163
Biber-kessel
Obergrind
Balzgänger 1091
Philippenkopf 958
Ob. Langeckweg
Viehläger
Schwallung
Wackersbrunnen

Hornisgrinde
Hornisgrinde-turm
Dreifürstenstein
920
Tanzplatz
Langengrinde
Tiefengraben

Katzenkopf 1123
Mummelsee
Berghotel Mummelsee
Rasthütte Seibelseckle 956
Tanzplatz
Brandhütte
Hinter-langenbach
Forsthaus Auerhahn
Zwieseleckweg
Oberer Wagleitersmi
Obere Wagleitersmi
944

Lenderswald
Schwarzkopf 1058
Fürstenstein
Kirchgraben
692
Unterer-langenbach
Hosen-rutscher
Mittel

Bustert 934
Steinbruch
Steinbruch Wolfsbrunnen
Geißkopf 1086
Allerheiligenmark
Harzwald
Woteshütte
Fischergrube
959 Falzköpfle
Leienfels

Dürrenwald
Deckerhof-mühle
Bäuerlehof
Schwarzen-bach
Schwarzenkopf
Altsteigerskopf 1092
Lothardenkmal
Darmstädter Hütte
Seeleger
Palm-loch
Wiesberg 990
Leinkopf 992

Seebach-hotel
Achert
Großer Schrofen
Alte Steig
Kapellen-buckel 950
Aschengrube
Wiesberg Hint
Försterhütte
Leimgru

Scherzenfelsen
Kressenteich
Seekopf 1054
Schnurren-
Eutinggrab
Wildsee
Hinterer Pfälzer
Pfälzerkopf 1012
Vorderer Pfälzer
Sauloch

Kernhof
Mannheimer Hütte
Buchwald
hansen-wald
Ruhestein
Kressen-hart
Brunnentrögles-hütte
Stüble
Stübleskopf 994
Riesenköpfle 1001

Falkenschrofen 841
915
Nationalparkzentrum
Ruhesteinschänke
Eutinghütte
Stübleshütte
Krumme-birkhütte
Schlangenkirc

Vogelskopf
Melkereikopf 1016
Ettlinger Hütte
1056
Rotmurg
Bärenstein
Kohlplatz
Leger
Wüste Klinge
Häuslehütte
Rotrainsberg

Auerhahnhütte
Beierhütte
Karl-Friedrich Hütte
Schweinkopf 1014
Langhartkopf 872
Otter-bau
Stumhütte
Traubhütte
Rotmurg-Jägerhaus
Steinesche
Rehstall

Schwabenkopf 812
Heiden-bühl
Kohlgrube
500
Muckenloch
Hölle
830
Wolfachhöhe 979
Telleskopf
Röhrsberg 959
Dölleshütte
Brenntenköpfle
Kraftenkopf

ehem. Kloster St. Ursula
Allerheiligen
Klosterhof
Roter Schliff
Schliffkopf 1054
Geißträgers-hütte
Höllbrunnen
Hänger-löchle
Leger
Binsen-

0   500 m

09

Waldtour

Darmstädter Hütte 2
Panorama am Grab des Ruhsteinvaters

DAUER	2h 30min
LÄNGE	8,8 km
HÖHENMETER	231 hm
SCHWIERIGKEIT	LEICHT
ÜBERNACHTUNG	nein

Das erwartet dich ...

Die überschaubare Rundwanderung wechselt sich mit Wald- und Panorama-wegen ab. Dabei wandern wir überwiegend auf angenehmen Wegen. Auf dem Wildseewegle benötigen wir Trittsicherheit und festes Schuhwerk. Mit dem See-kopf erwartet uns einer der naturschönsten Berge im nördlichen Schwarzwald; die Darmstädter Hütte ist eine gemütliche Einkehr in einzigartiger Landschaft.

Start & Ziel & Anreise

Ausgangspunkt ist das Nationalparkzentrum Ruhestein bei Baiersbronn. Von nördlicher wie südlicher Richtung erreichen wir den Ort über die B 500. Parkmöglichkeiten gibt es an der Schwarzwaldhochstraße 2 in Seebach an der Abzweigung der Straße „Ruhestein" und der Landstraße nach Baiersbronn. Busse fahren ab Baiersbronn, Seebach und Freudenstadt.

Tourenbeschreibung

Die Darmstädter Hütte liegt auf halbem Weg unserer Wanderung und bietet sich als ideale Einkehr an. Sie liegt am Rande eines Hochmoores, zwischen Wildseeblick und Altsteigerskopf, umgeben von einem wunderschönen Naturschutzgebiet, im Nationalpark Schwarzwald. Sie kann nicht mit dem Auto erreicht werden. Ein Umstand, der das Naturerlebnis noch mehr verstärkt. Der nahe gelegene Seekopf überragt den Wildsee gut 100 Meter; seine von Felsblöcken bedeckte Karwand fällt steil nach Osten ab. Hier befindet sich die Urnengrabstätte von Julius Euting, dem Mitbegründer des Vogesenclubs und Vorsitzenden des Verbandes Deutscher Gebirgs- und Wandervereine 1900-1908.

Wir starten am Parkplatz beim Naturschutzzentrum Ruhestein. Die rote Raute führt uns auf dem Schwarzwald Fernwanderweg, dem „Westweg", an der Sessellifttrasse entlang. Dabei streifen wir herrliche Wiesen und werden aussichtsreich auf den Ruhesteinberg geführt. Hier treffen wir auf die Bergstation des Ruhesteinlifts 1. Der Westweg bringt uns weiter durch den Bergwald geradeaus zur Verzweigung am Seekopf. Nur wenig später stehen wir am Eutinggrab. Es bildet die letzte Ruhestätte des „Ruhesteinvaters" Julius Euting, der hier 1913 beigesetzt wurde. Ein paar Minuten danach erreichen wir den Schilderstandort Wildseewegle. Hier wenden wir uns nach rechts zum Wildsee und verlassen damit den Westweg. Jetzt brauchen wir gutes Schuhwerk und Trittsicherheit, denn das Wegle führt uns durch den Bannwald, der nicht mehr bewirtschaftet wird. Ein wenig Vorsicht ist hier geboten, denn jederzeit kann Totholz herabfallen. In dieser Umgebung lässt sich auch erahnen, welch ein Urwald der Schwarzwald früher einmal gewesen sein muss. Dieser Bannwald ist als Totalreservat ausgewiesen und beheimatet auch den Wildsee, mitten im Naturschutzgebiet „Wilder See-Hornisgrinde". Da der Wald überhaupt nicht mehr forstwirtschaftlich genutzt wird, hofft man, dass sich durch natürliche Prozesse Baden-Württembergs ältester Wald wieder in einen Urwald verwandelt. Ein Hängegletscher der Eiszeit schürfte die Hohlform aus, in der der 2,4 ha kleine und 12 Meter tiefe Wildsee liegt.

Von eben jenem See folgen wir der gelben Raute nach Norden, an der ehemaligen Falzhütte vorbei. Dann durchwandern wir erneut das Bannwaldgebiet. Eine Infotafel macht uns darauf aufmerksam. Wieder auf dem Westweg erreichen wir wenig später die ganzjährig bewirtschaftete Darmstädter Hütte. Sie bietet einen direkt am Haus gelegenen Skilift, 20 Kilometer gespurte Loipen im Winter und gut markierte Wanderwege. Der Weg senkt sich hinab zur Verzweigung am Skilift. Die gelbe Raute bringt uns weg vom Fernwanderweg auf den Torfweg. Der Metaweg führt uns mit herrlichen Ausblicken zurück zum Ausgangspunkt am Ruhestein.

Autoren Tipp

Jedes Jahr wird am Geburtstag von Julius Euting am 11. Juli an seinem Grab arabischer Mokka an die Wanderer ausgeschenkt: als Zeichen der deutsch-arabischen Freundschaft. Bekannt wurde er mit seinem „Tagebuch einer Reise nach Inner-Arabien". Neben der Verständigung zwischen der arabischen und der westlichen Welt setzte er sich auch mit Gründung des Vogesenclubs 1872 für die deutsch-französische Freundschaft ein. Am Ruhestein legte er mehrere Wanderwege an und gestaltete hier sein eigenes Grab.

Hinterseebachhütte
Tauchert
Stoßgrund
Blockhaushof
Schloßberg
· 532
Rotenra
Hauerskopfhütte
707
Hauerskopf
Schifferhütte
w a l d
Schifferbrunnen
Blockhaushof
Schloss Silberberg
Silberh.
Schwarzwald-Tälerstraße
Silberberg
462

Zum Mohren
Zwickgabel
Kleinhahnberg
899
Bernhardsh.
Teufelsmühle
Huzenbach

Leimiß
Jugendzeltplatz
Hahnbrunnenwiese
Großhahnberg
938
Hahnberger Loh
Graner H.
Lietberg
Vorderer-Lietberg
Lochhau
Rosslochhütte
Sulzwald

Volzenhäuser
Fürstenhütte
Hirschstein
940
Huzenbacher See
Hinterer-Lietberg
877
Lietberghütte
Sommerseiten-unterstand
Unteres-Bärloch
Sulzwandhütte

630
Hüttenwald
Kleemüssenhütte
Kammerlochh.
Hindenburghütte
Oberes-hütte
Seelochhütte

Legerbrunnen
Tonbachstraße
Kleemüsse
Vorderer Plan
T o b e l - w a l d
Röter Kopf

Überzwercher Berg
Überzwercher Hütte
860
Dietersgrund
905
Röter Berg

Tobel-hütte
Dürrenberg
953
Dietersbrunnenhütte
Dietersbrunnen
Flößerhütte
Zinkhütte
Ritterain
Röter Wald
Röter Wiese

Jakobshütte
Flößerhütte
Steinmäuerle
Steinmäuerlehütte
Dammerskopf
841
Hahnenstein
Deponie

Dürrengrund
710
Löchleshütte
Gefällter Kopf
Wiesenhütte
Oberer
Zinken
D a m m e r s h a r t
Buckel

asserteich
Spitzigköpfle
893
Ödengrund
Pudelsteinhütte
Oberer Eichberg
Riesenstein
Weiherhütte

Münstereck
909
Försterhütte
Kanzel
Klappermisshütte
Eichberg
D a m m e r s w a l d
Höllkopf
855
Höllkopfhütte
Abstwald
Ailberg

Münstereckhütte
Elmhütte I
Marstallerhütte
Kohlwald
10
Blockhütte
Pläuderstüble
S c h e u e r l e s w a l d
Ailwaldhütte

erbächle
Bismarckhütte
Elme
880
Baumlege
Hasen-grund
Salbeofen
Leimenbuckel

Guldenberg
887
Weißenbächle
Weißenbach
626
Elmhütte II
Eulen-grund
Leimengrund
Härlisberg
831
Wiedenberg
831
Bruckenberg
831

Halde
Sieh-dich
Ruhbach
Ödenhof
g r u n d
Terra Nova
Vorderer Reichenbacher Höfe
Seidtenhof

Mittelta l
Rain
Birkenhof
Langacker
Labronnenkopf
813
Labbronnen Unterwies
Sommerhalde
Jägerbuckel
Isolde
Tonbach
Schankhütte

Urstein
Lamm
Orspach
Fuchsloch
Steinbruch
Rauhfels
Knappenteich
Rinkenkopf
Rinkenturm
Baiersbronn
462
Nettlestral

Schramberg
Ellbach
835
Bergmosis
Gretzenbühl
Härle
Hohgasse
Berg
Höhreute
Wasen
Rosengarten
Loch
Kohbach
Rußenkopf
802

0   500m

Roßweg
Härlesgrund
Höll
Hohlgasse

Genusstour 10

Baiersbronner Tonbachsteig
Genusspfad im Schwarzwald

DAUER	4h 20min
LÄNGE	14,3 km
HÖHENMETER	480 hm
SCHWIERIGKEIT	MITTEL
ÜBERNACHTUNG	nein

Das erwartet dich ...

Über alte, steile Holzmacherpfade erkunden wir den Baiersbronner Tonbachsteig. Auf der Runde erwarten uns herrliche Ausblicke, wie am Rastplatz Oberer Zinken oder der Huzenbacher Seeblick. Unterwegs treffen wir auf zwei Salbeöfen, die uns in die Zeit der Flößerei zurückversetzen. Im Tonbachtal haben wir die Möglichkeit, imposante Hirsche im Wildgehege zu beobachten. Mit der Blockhütte Traube Tonbach erwartet uns schließlich eine gemütliche Einkehr mit traditionellen Speisen.

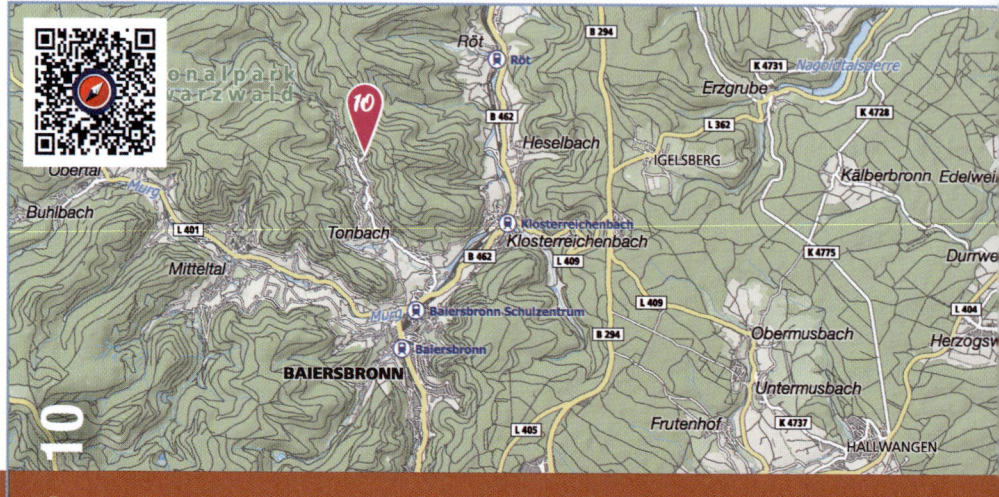

Genusstour 10

Start & Ziel & Anreise

Tonbach bei Baiersbronn erreichen wir von Norden wie Süden über die B 462. Am Ortsausgang von Baiersbronn links abbiegen in die Tonbachstraße und der K 4736 Richtung Tonbach folgen. Am Hotel Waldlust rechts abbiegen und am Waldrand entlang bis zum Parkplatz Plauderstüble. Von Baiersbronn Bahnhof fährt unter der Woche der Bus 22, am Wochenende der Bus F16 zum Hotel Waldlust.

Tourenbeschreibung

Die Genießerpfade im Schwarzwald sind mittlerweile 49, als Premiumwanderwege zertifizierte Wege, die auf naturnahen Pfaden als Tages- oder Halbtagestouren angelegt sind. Dabei zeichnen sie sich nicht nur durch ihre schönen Landschaften aus, sondern auch durch verschiedene Genießer-Höhepunkte – wie „Schnapsbrünnle", Obststationen, Himmelsliegen oder diverse kulturelle oder kulinarische Besonderheiten. So wird die Schwarzwälder Kultur aufschlussreich auf Schusters Rappen erkundet. Jeder Genießerpfad ist mit dem Wander-Siegel des Deutschen Wanderinstituts für Premiumwege ausgezeichnet.

Wir beginnen die eindrucksvolle und abwechslungsreiche Runde in der Nähe der Blockhütte Traube Tonbach, am Wanderparkplatz Plauderstüble. Zunächst folgen wir einem schmalen Pfad bergauf bis zum historischen Salbeofen. Sie dienten in früheren Zeiten zur Gewinnung von Karrensalben und Teerölen. Hier geht es weiter bergauf, an einem Grenzstein vorbei, bis der Weg abflacht. Bald darauf erreichen wir den Oberen Zinken: Hier genießen wir die Stille und eine herrliche Aussicht und können es uns für eine kurze Rast auf der einladenden Himmelsliege bequem machen. Auf der hölzernen Picknickplattform bietet sich die Möglichkeit für eine ausgiebige Brotzeit.

Nun bewegen wir uns auf Nationalparkboden. Erst wandern wir über breite Forstwege, doch schon bald führt uns der Weg zurück auf naturbelassene Pfade durch die Kleemisse. Das Hochmoor hält nicht nur eine ganz besondere Vegetation bereit: Hier lohnt sich auch ein kurzer Abstecher zum Huzenbacher Seeblick, einem der Höhepunkte der Wanderung. Tief hinab schweift der Blick auf den tief in der Karmulde liegenden See. Dann wandern wir auf einem Pfad weiter durch das Hochmoor, passieren den imposanten Hirschstein, einen historischen Grenzstein, und erreichen schließlich einen breiten Schotterweg. Er bringt uns sanft abwärts zur Schutzhütte am Überzwercher Berg.

Nach der Hütte steigen wir weiter hinab. Ein erlebnisreicher, naturnaher Pfad führt uns hinab ins Tonbachtal zur Flößerhütte. Unten im Tal stehen wir schnell am Tonbach und folgen seinem Lauf talwärts. Dabei passieren wir einen weiteren Salbeofen, dann überqueren wir eine Brücke mit Schwallung aus der Flößerzeit. Kurz bevor wir das Wildgehege erreichen, können wir uns noch einmal zu einer Rast an einer hübsch gelegenen Sitzgruppe niederlassen. Herrliche Ruhe herrscht hier unter den schützenden Zweigen einer alten Buche. Der Weiterweg bringt uns am Wildgehege vorbei in ein liebliches und breiter werdendes Wiesental. Bald darauf erspähen wir die ersten Häuser von Tonbach. Ein letztes Mal wandern wir nun über einen schmalen Waldpfad und Wiesenweg leicht hinauf bis zur Blockhütte Traub Tonbach. Sie liegt idyllisch am Waldrand, kurz vor unserem Startpunkt am Parkplatz Plauderstüble. Hier können wir zum Abschluss eine traditionelle Schwarzwaldvesper oder ein gutes Stück Schwarzwälder Kirschtorte aus der hauseigenen Konditorei genießen.

Röter Wald
Röt
505
Johanna-Katz-Hütte
Steinmäuerle
Steinmäuerlehütte
Dammerskopf
841
Hahnenstein
Deponie
Buckel
Dietersbrunnen
Flößerhütte
Flößerhütte
Zinkhütte
Oberer Zinken
710
Gefällter Kopf
Löchleshütte
Wiesenhütte
Oberer Eichberg
Pudelsteinhütte
Eichberg
Kanzel
Klappermisshütte
D a m m e r s h a r t
Riesenstein
Weiherhütte
Heselbacher Hof
Hesel
Spitzigköpfle
893
Odengrund
Försterhütte
Marstallerhütte
Lönshütte
Blockhütte
Höllkopf
855
Plauderstüble
Höllkopf-hütte
Abstwald
Ailberg
D A M M E R S W A L D
S c h e u e r l e s w a l d
503
Münsereck
909
Elmhütte I
Baumlege
Kohlwald
Salbeofen
Leimenbuckel
Ailwaldhütte
Ailwald
Elme
880
Hasen-grund
Härlisberg
Wiedenberg
831
Bismarckhütte
Weißenbächle
Elmhütte II
Leimengrund
Bruckenberg
831
Waldgerätesammlung
Guldenberg
1887
E u l e n -
Terra Nova
Waldlust
Klosterreichbach
Weißenbach
626
g r u n d
Jägerbuckel
813
Labronnenkopf
Tonbach
Ruhbach
Ödenhof
Wanderhütte
Sattelei
Keckenhöfe
Isolde
Vorderer Tonbach
Reichenbacher Höfe
Seidenhof
Murgtalblick-hütte
Rosenberg
Rain
Eulen-grund
Fuchsloch
Rinkenteich
Rosenberg
770
Mitteltal
Lamm
Langacker
Labbronnen Unterwies
Sommer-halde
Rinkenkopf
Rinkenturm
760
Häslen
Schankhütte
Schramberg
Ellbach
Orspach
Bergmosis
Gretzenbühl
Härle
Knappen-teich
Rauhfels
Steinbruch
Rechen
Aue
462
Loch
Kohbach
Rußenkopf
802
Zimmerplatz
Roßweg
Härle-grund
Höhreute
Wasen
Berg
Murgelse
Spielhaus
Rosengarten
Rose
Baiersbronn
826
H i r s c
Höferberger
893
Hohlgasse
Höll
Heuberg
Berger-grund
Hof
Unter-dorf
Hauff Märchenmuseum
Oberdorf
Friedensbaum
Höllwald
Kienbachhütte
Jörgleshütte
Höfer-köpflehütte
Stöckeralm
Stöck
Sankenbach Lodge
Schwarzwald-Talerstraße
Falken
Schwarzwald-Baderstr.
Birkle
Jaromirh
Wiesenhütte
Kienbachhalde
Kienberg
889
Kienbächle
Stöckerkopf-hütte
Sohlberg
Reute
Städel-grund
Birkleshütte
813
Weißenh.
Stoffelsrain
Klenberghütte
Hohhörnleshütte
Rotwild
Stöckerkopf
790
Glasmannlehütte
Stein-äckerle
Sürrbach
Sürrbachkopf
802
Buschigefichtenhütte
Müsse
888
905
Schießrankhütte
Heinzelberghütte
Schleifwasen
Altau
Schmiedemuseum
Wolfsgrubhütte
Vischerhütte
Vordere Buchscholen
916
Wasser-fallhütte
Roßköpfle
776
Gruberkopf
828
ehem. Wolfsgrube
Wasenhütte
Marien-platz
Friedrichstal
Dormero
Günter
Teich
Rotwasser
ehem. Rotwasserhütte
Gärtnerhau
Schächenhütte
Sand-waldhütte
S a l e n b e r g e
Hausburghütte
Fischerhütte
Pfannen-hammer-hütte
Stöckäckerhütte
CHRISTOPHSTAL
H e i n z e l b e r g
0   500 m

Panoramatour 11

Um den Rinkenberg
Weitsichten im Oberen Murgtal

DAUER	2h
LÄNGE	6 km
HÖHENMETER	150 hm
SCHWIERIGKEIT	LEICHT
ÜBERNACHTUNG	nein

Das erwartet dich ...

Die Runde um den Rinkenberg ist eine kurze Wanderung auf einfachen, leicht zu gehenden Schotter- und Asphaltwegen. So ist sie gerade auch für Familien mit kleineren Kindern gut geeignet. Ein geländegängiger Mountain-Buggy ist hier von Vorteil. Unterwegs erwarten uns herrliche Ausblicke auf das obere Murgtal mit Baiersbronn und den Reichenbacher Höfen sowie in das idyllische Tonbachtal.

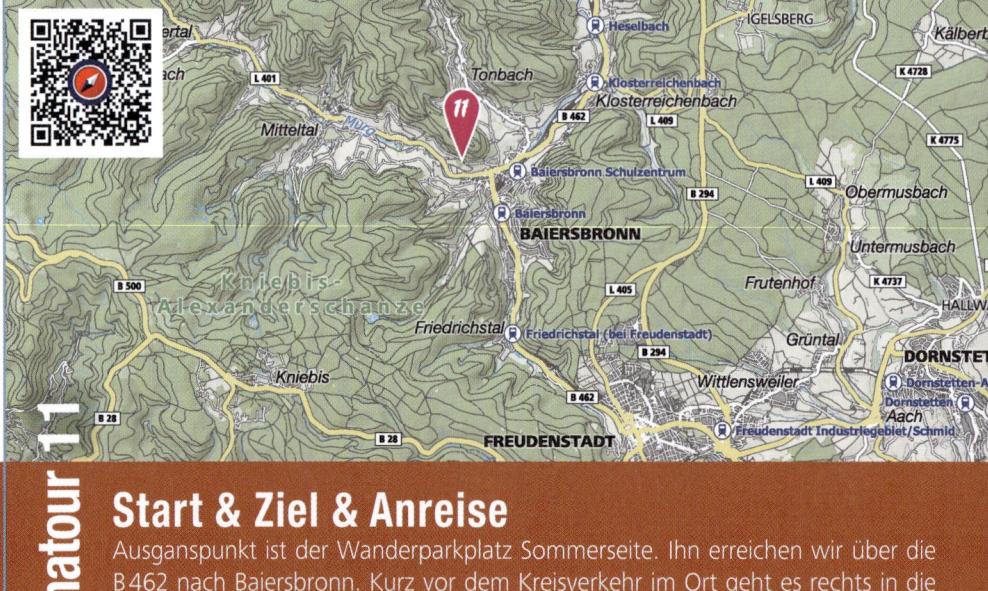

Start & Ziel & Anreise

Ausganspunkt ist der Wanderparkplatz Sommerseite. Ihn erreichen wir über die B 462 nach Baiersbronn. Kurz vor dem Kreisverkehr im Ort geht es rechts in die Häslergasse, dann gleich links in die Schiefelgasse. Der Sommerseitenweg führt uns dann nach links zum Wanderparkplatz. In Baiersbronn gibt es eine Haltestelle sowohl für S-Bahn als auch Bus.

Tourenbeschreibung

Wir starten die kleine Runde am Parkplatz Sommerseite. Wir folgen dem Teersträßchen, dem Sommerseitenweg, zunächst nach Osten. Nach guten zehn Minuten, am Ende der Straße bei den Häusern, biegen wir links in die Häslergasse ein. Ihr folgen wir nun stetig geradeaus, weiter auf dem Sträßchen, bald über den Alten Tonbachweg und dann über den Rinkenteich. Der Weg führt uns nach einer Dreiviertelstunde, in einem scharfen Rechtsknick über den Rinkenbach. Zweihundert Meter weiter biegen wir dann nach links auf einen Schotterweg in den Wald ab.

Kurz darauf kommen wir am Petermännlebrunnen vorbei, dann geht es über einen fein geschotterten Weg bergauf bis zur Wanderhütte Sattelei. Die Hütte lädt auf 706 Metern Höhe zwischen Mitteltal und dem Tonbachtal, inmitten des weit verzweigten Baiersbronner Wanderhimmels, in uriger Atmosphäre zu einer kleinen Erfrischungspause, einem zünftigen Vesper, traditionellen und leckeren schwarzwälder Gerichten oder Kaffee und Kuchen ein. Nach der Rast folgen wir der Teerstraße wieder bergab zum Parkplatz Labronnen. Wir treffen nun wieder auf den Sommerseitenweg, der uns nach links zurück zum Parkplatz Sommerseite bringt. Der Weg wird im Winter komplett gebahnt und eignet sich so auch als herrlicher Winterspaziergang.

Sehr lohnend ist ein Abstecher auf den Rinkenturm. Der Aussichtsturm wurde 1914 vom Württembergischen Schwarzwaldverein auf dem 751 m ü. NN gelegenen Rinkenkopf erbaut. Er besteht aus heimischem Buntsandstein. Benannt wurde der Turm nach dem regierenden König Wilhelm II. Unter diesem Namen kennen den Turm nur noch wenige, heute ist der Aussichtsturm besser als Rinkenturm bekannt. Der 23 Meter hohe Turm kann über 96 Stufen bestiegen werden. Von seiner Aussichtsplattform bietet sich ein wunderschöner Blick auf das Murgtal, vor allem auf die Region und die Orte Klosterreichenbach und Baiersbronn. Der Rinkenturm erfüllt seine Zwecke schon lange nicht nur als Aussichts- sondern auch als Rundfunkturm.

Die Wanderhütte Sattelei lädt zu einer genussvollen Rast ein

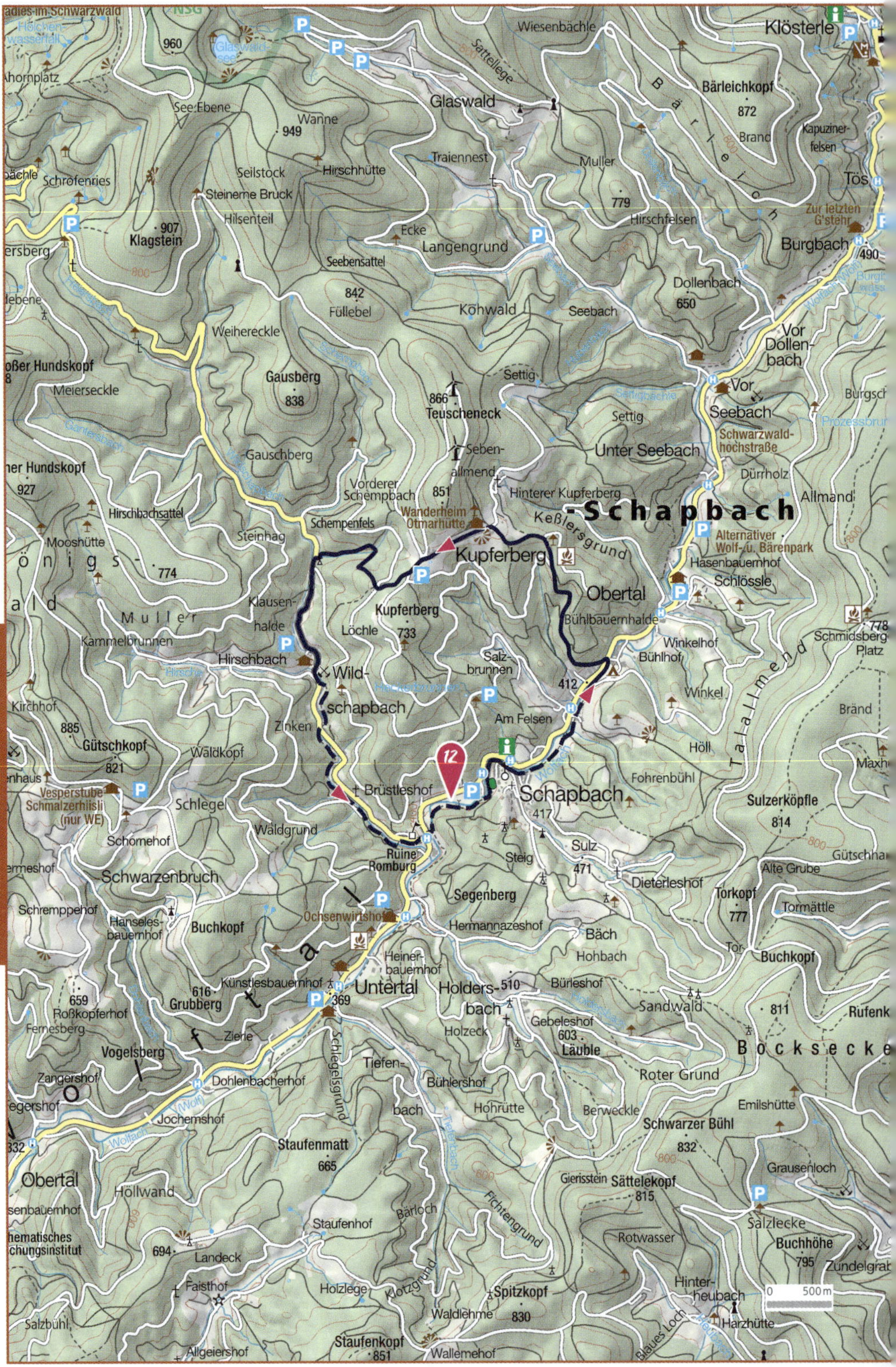
Glaswald
Wiesenbächle
Klösterle
Bärleichkopf
872
Brand
Kapuziner-felsen
Tös
Zur letzten G'stehr
Burgbach
490
Dollenbach
650
Vor Dollen-bach
Sattellege
Bärleich
960
Glaswald-see
See-Ebene
949
Wanne
Hirschhütte
Seilstock
Steinerne Bruck
Schrofenries
907
Klagstein
Hilsenteil
Traiennest
Muller
779
Hirschfelsen
Ecke
Langengrund
Seebensattel
842
Füllebel
Köhwald
Seebach
Weihereckle
Gausberg
838
Meierseckle
Settig
866
Teuscheneck
Seben-allmend
851
Settig
Unter Seebach
Vor Seebach
Schwarzwald-hochstraße
Dürrholz
Allmand
Gauschberg
927
Hirschbachsattel
Vorderer Schempbach
Schempenfels
Wanderheim Otmarhütte
Hinterer Kupferberg
Keßlersgrund
Schapbach
Alternativer Wolf- u. Bärenpark
Hasenbauernhof
Schlössle
Mooshütte
Steinhag
774
Kupferberg
Obertal
Bühlbauernhalde
Winkelhof
Bühlhof
Schmidsberg Platz
778
Müller
Klausen-halde
Kupferberg
733
Löchle
Kammelbrunnen
Hirschbach
Wild-schapbach
Salz-brunnen
412
Winkel
Talallmend
Bränd
Kirchhof
885
Gütschkopf
821
Zinken
Waldkopf
Am Felsen
Höll
Vesperstube Schmalzerhisli (nur WE)
Schlegel
Brüstleshof
12
Schapbach
417
Fohrenbühl
Sulzerköpfle
814
Schornehof
Waldgrund
Ruine Romburg
Sulz
471
Steig
Dieterleshof
Alte Grube
Schwarzenbruch
Torkopf
777
Tormättle
Schremppehof
Hanseles-bauernhof
Buchkopf
Ochsenwirtshof
Segenberg
Hermannazeshof
Bäch
Hohbach
Buchkopf
659
Roßkopferhof
616
Grubberg
Künstlesbauernhof
369
Untertal
Heiner-bauernhof
Holders-bach
510
Bürleshof
Sandwald
811
Rufenk
Fernesberg
Vogelsberg
Ziele
Holzeck
Gebeleshof
603
Läuble
Bocksecke
Zangershof
Dohlenbacherhof
Schlegelsgrund
Tiefen-bach
Bühlershof
Hohrütte
Roter Grund
Berweckle
Emilshütte
Jochemshof
Wolf
Schwarzer Bühl
832
332
Obertal
Staufenmatt
665
Grausenloch
Gierisstein
Sättelekopf
815
Höllwand
Staufenhof
Bärloch
Fichtengrund
Rotwasser
Salzlecke
Buchhöhe
795
Zundelgrab
694
Landeck
Faisthof
Holzlege
Klotzgrund
Spitzkopf
830
Waldlehme
Hinter-heubach
Harzhütte
0
500 m
Salzbühl
Allgeiershof
Staufenkopf
851
Wallemehof
Blaues Loch

12

12

Waldtour

Otmarhütte
Hinauf zum Kupferberg

DAUER	3h 30min
LÄNGE	11 km
HÖHENMETER	360 hm
SCHWIERIGKEIT	MITTEL
ÜBERNACHTUNG	ja

Das erwartet dich ...

Die Rundtour führt größtenteils durch den Wald. Wir wandern überwiegend auf Forstwegen, teils auf Asphalt. Es erwartet uns ein steiler Aufstieg nach Kupferberg und ein langer Abstieg durch das schmale Wildschapbachtal.

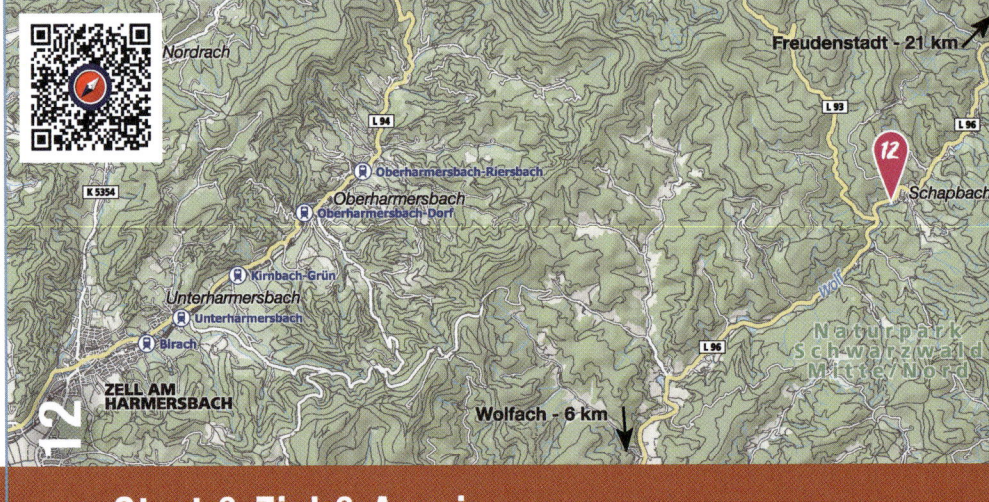

Start & Ziel & Anreise

Parkplatz am Waldfreibad Wolftal in Bad Rippoldsau-Schapbach. Das Freibad liegt am Ortsrand in Richtung Wolfach. Die Ortschaft liegt an der L 96 aus Freudenstadt/Wolfach.

Tourenbeschreibung

Vom Parkplatz aus starten wir entlang der Wolfacher Straße/Dorfstraße in Richtung Ortskern. Wir passieren den Gasthof Adler und gelangen zum Campingplatz Alisehof. Gegenüber vom Campingplatz steigen wir, dem Wegweiser Bühlsäge folgend, links den Hang hinauf. Etwa 1,5 km lang geht es steil nach oben durch den Wald. Wir verlassen den Wald und können die Beine auf dem nun flacheren Stück zwischen Wiesen und Weiden bis zum Weiler Kupferberg etwas ausruhen. Nur wenige Meter trennen uns nun noch von der Otmarhütte, die geradeaus vor uns liegt.

Die Otmarhütte bietet 15 Matratzenlagerplätze. Gruppen ab sechs Personen können die Hütte über den Schwarzwaldverein Schapbach mieten, wenn einer der Gäste Mitglied im Alpenverein ist. Von Mai bis Oktober bekommt man hier an Sonn- und Feiertagen Kaffee, Kuchen und eine kleine Brotzeit. Ein gefüllter Getränkekühlschrank steht auch außerhalb der Öffnungszeiten zur Verfügung. Als komfortablere Alternativen bieten sich hier in Kupferberg das Ferienhaus Günter oder die Ferienwohnungen in Sandras Bergstation an. In beiden Häusern sind Babybetten und Spiele vorhanden, ein Spielplatz ist fußläufig erreichbar. Grill, Gartenmöbel und gut ausgestattete Küchen lassen es an nichts mangeln.

Wir biegen hier in den Weg nach links ein und passieren die Otmarhütte; das Wanderheim des Schwarzwaldvereins Schapbach liegt auf 750 m. Wir gehen weiter geradeaus bis zum letzten Gehöft vor dem Waldrand. Wir biegen rechts ab in einen Forstweg, den wir schon bald wieder verlassen, um in einen Pfad auf der linken Seite abzuzweigen. Wir halten uns links und gelangen zur Straße, die das enge Wildschapbachtal hinabführt.

Der kurvigen Straße folgend erreichen wir die wenigen Häuser von Wildschapbach. Hier gelangen wir zur Wolf, die wir über eine Brücke queren, und folgen ihrem Verlauf nach links am Waldrand entlang. Kurz vor dem Waldfreibad Wolftal überqueren wir die Wolf erneut und gelangen zu unserem Ausgangspunkt, dem Parkplatz am Freibad.

Der Sonnenaufgang über dem Schwarzwald

13

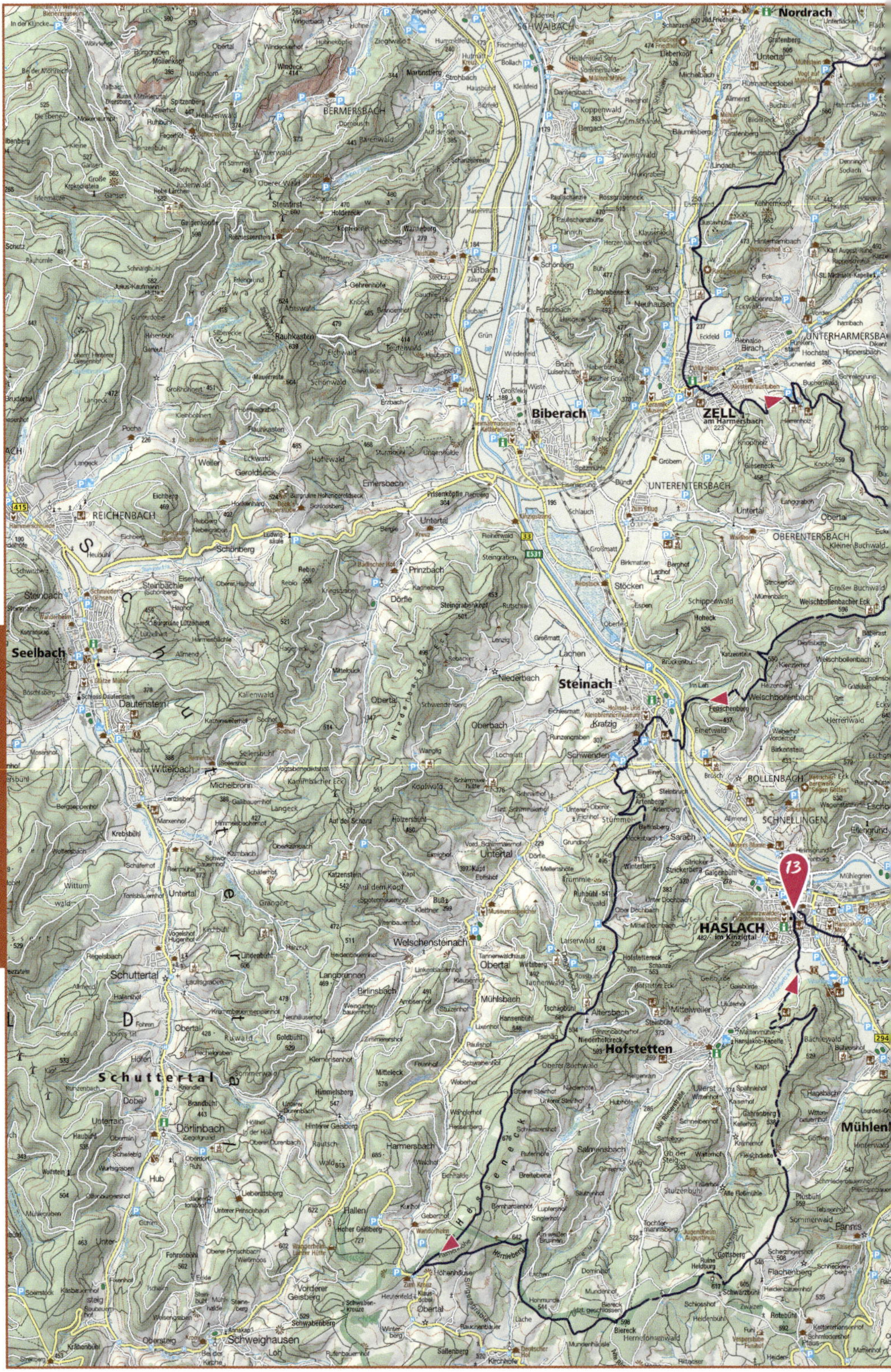

Nordrach
Unterharmersbach
Zell am Harmersbach
Unterentersbach
Oberentersbach
Biberach
Steinach
Rollenbach
Schnellingen
Haslach im Kinzigtal
Hofstetten
Mühlenbach
Welschensteinach
Reichenbach
Seelbach
Schuttertal
Dörlinbach
Schweighausen
Bermersbach
Heiligenzell
Prinzbach
Welschbollenbach
13

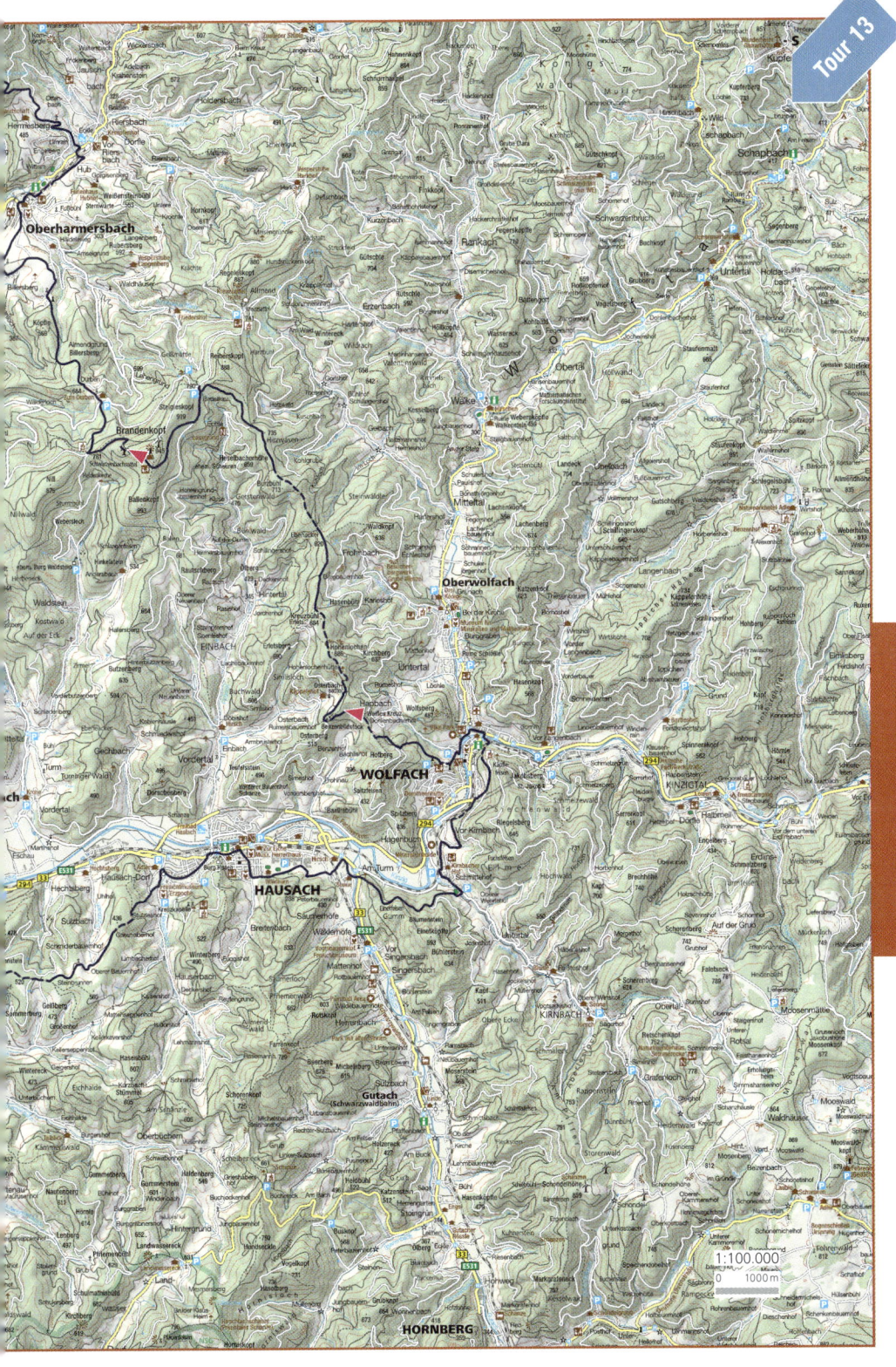

Der Große Hansjakobweg

Rund um das Kinzigtal

DAUER	29h
LÄNGE	94 km
HÖHENMETER	2920 hm
SCHWIERIGKEIT	MITTEL
ÜBERNACHTUNG	ja

Das erwartet dich ...

Die abwechslungsreiche Tour erwartet uns mit vier steilen Anstiegen. Zu Beginn laufen wir dabei überwiegend im Wald, später eher auf Landwirtschaftswegen und teils auch auf Asphalt. Der Weg wurde zu Ehren des Volkschriftstellers Heinrich Hansjakob (1837-1916) ausgeschildert, Infotafeln erläutern die Sehenswürdigkeiten. Wer nicht den ganzen Weg laufen will, kann natürlich auch die einzelnen Etappen seperat gehen.

Tourenbeschreibung

1. Tag – 6h 30min, 17,1 km, 720 hm
Wir beginnen mit dem Aufstieg zum Haslacher Hausberg. 183 Stufen führen auf den Urenkopfturm hinauf, der eine grandiose Aussicht bietet. Das Wegzeichen mit dem Hut führt uns über das Rotweinbänkle bis zum Städtchen Hausach. Das Bergbau-Freilichtmuseum „Erzpoche" gewährt spannende Einblicke, auch das Fachwerk-Rathaus und die Burg Husen sind sehenswert. Oberhalb von Hausach wandern wir am Hang entlang, folgen dem Verlauf der Kinzig und erreichen Wolfach, unser Tagesziel. Stattliche Bürgerhäuser, das eindrucksvolle Schloss und die Glasbläserwerkstatt „Dorotheenhütte" warten auf uns, übernachten können wir im Fachwerk-Hotel Hecht.

2.Tag – 7h 30min, 18,9 km, 902 hm
Der 2. Tag verlangt uns einiges ab. Zunächst erklimmen wir den Hofberg, von dort wandern wir über die Bergkuppen des Schwarzwaldes. Unsere nächsten Ziele sind Benzenbildstock, Gasthof Käppele und Hohenlochenhütte. In dieser romantisch gelegenen Hütte (6 Betten) oder in der Schutzhütte nebenan ist die Übernachtung kostenfrei. Quelle und Trockentoilette sind vorhanden, ein Schlafsack ist mitzubringen. Über Ebenacker und Hirzwasen gelangen wir hinauf zum Brandenberg, den „König des mittleren Schwarzwaldes". Neben einem 32 Meter hohen Aussichtsturm steht das Wanderheim Brandenkopf, das in Biergarten und Gaststuben bis zu 240 Gästen Platz bietet. Zahlreiche Zimmer und ein Spielplatz stehen zur Verfügung. Es folgt eine recht lange, leicht abfallende Strecke über Farnlehnkopf und Schwarzenbachsattel bis zum Ort Oberharmersbach. Übernachten können wir z.B. im Hotel Schwarzwälder Hof.

3.Tag – 4h 30min, 12,7 km, 480 hm
Am 3. Tag freuen wir uns auf viele malerische Schwarzwaldhöfe. Zunächst steht der steile Aufstieg zum Engelberg an. Hier empfiehlt sich eine Einkehr in Hasegallis Besenwirtschaft. An Sommer-Sonntagen kann man hier ein leckeres Bauernhoffrühstück und tolle Aussichten genießen. Ein paar Höhenmeter weiter gelangen wir zum sehr liebevoll geführten „Vogt auf Mühlstein", der im Innenraum und auch auf der Terrasse 70 Gästen Platz bietet. Vesper, Kuchen oder ein Glas Most versüßen jede Anstrengung. Leicht auf und ab wandern wir über Heuberg und Rehberg bis nach Zell am Harmersbach. Wir schlendern durch die hübsche Haupt-

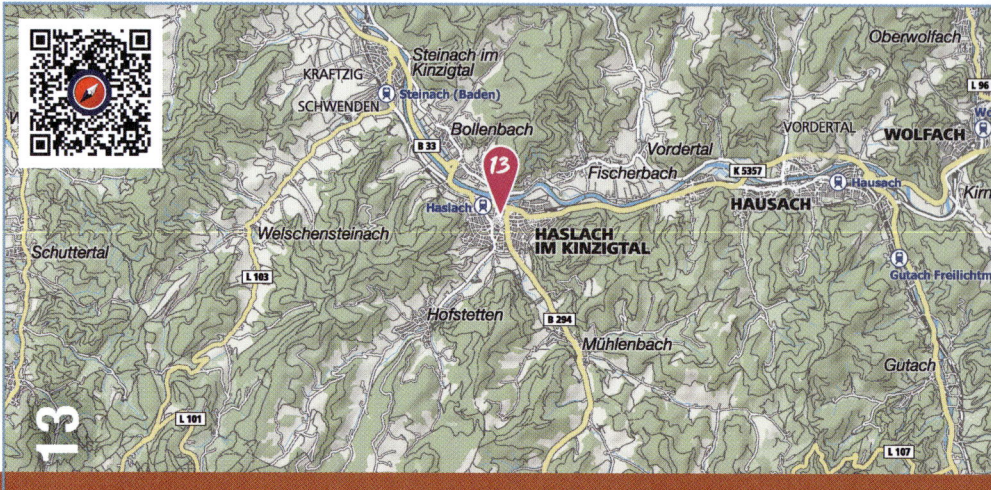

Start & Ziel & Anreise

Haslach im Kinzigtal, am Tourismusbüro. Von Offenburg und Triberg verkehren Züge nach Haslach, mit dem Auto fährt man über die E 531 aus Richtung Offenburg kommend.

Fortsetzung Tour 13

straße zum Storchenturm, dem Wahrzeichen der Stadt. Gut übernachten können wir z.B. in den Klosterbräustuben.

4.Tag – 5h, 14 km, 570 hm

Am 4. Tag führt uns der Weg erst sanft, dann steil hinauf zu den Nillhöfen. Weitere Wegpunkte sind Überm Eckerhof, Fischerbacher Höhe und Baberast – ein schöner Schwarzwaldhof für den Familienurlaub. Tiere können gefüttert und gestreichelt werden. Spielplatz, Lagerfeuer und Pool runden den Aufenthalt ab. Von hier steigen wir erst sanft, später recht steil ins Tal hinab. Eine Brücke über die Kinzig bringt uns nach Steinach, unserem Tagesziel. Übernachten können wir im malerischen „Haus am Bach".

5. Tag – 6h, 16km, 740 hm

Die 5. Etappe beginnt südlich des Flusses mit einem 8 km langen Aufstieg zum „Confinium Alemannorum", der alemannisch-germanischen Grenze (6./7. Jhdt.). Von hier knickt der Weg nach Osten ab und führt zum Weiler Höhenhäuser. Wir wandern bergab und steigen zur Gaststätte Biereck wieder an, in der wir badische Küche, Sauna und gemütliche Betten genießen.

6.Tag – 4h, 12 km, 167 hm

Die letzte Etappe steht bevor. Am 6. Tag wandern wir in leichtem Auf und Ab vorbei an den Mauerresten der Heidburg und den Höfen von Flachenberg. Richtung Norden erreichen wir den Gehrenberg und steigen von hier ab über die Hansjakobkapelle nach Hofstetten. Nun folgen wir dem Hofstetterbach bis zurück nach Haslach.

Schwarzwald Panorama vom Hansjakobweg in Wolfach

Hoher Stein 909
Satteleck
Zimmereck
1023
Biggertkopf
Kaltrieshütte
760
Herrenwaldhütte
828
Laube
Pfaffenloch
Rens
P
Untertal
Biggerthütte
Kaltwasserdobel
P
Vogtbühl 940
Kajetanhäusle
Vesperstube
Silbert
Dort
Heimatmuseum
Fischersdöbel
Hohkopf 1054
Geißberg
Belch 1048
Kaltruß
699
Herrenwälderberg
Gummelent
1005
Sonne
Zum Bierhäusle
Vorderzinken
Belchhäusle
Heckenlochbühl
Hintere Haid 980
Reiner
95E
YACH
Schneiderhof
wald
Blindestein
Oberbach gut
Hasenbeck 995
Farn-
Yacher Zinken
Watzeck
Hecken
Schiefe
Vordere Haid
Wilhelmshöhe
Hinter-
Gurb
Gobert
Baschweg
Fischer grundhof
Auf dem Eckle
Ramselhof
Unterhaus
816
Gummatten
Vordere Bart
Hintere-Bart
Rotenberg
zinken
Tränkleweg
P
1009 Passeck 1069
Sieben felsen
Geiß mattenh.
Geistfelsen
981
Rohrhards
Ochsenhof
Berghäusle 1012
Rotenberger
häusle
1000
1020
Tu
Pa
Rauchen grund
Bläsihof
Wüstloch
Schünzlehof
Steinbühl 1008
Erlenhof
berg
Täuber-
Rotenberger
1009
Gitschbühl
Sühnekreuz 1134
Braunhörnle
Heiliggeistloch
Schwedenschanze
Mühlebühl
14
992
wald
1015
Hoh
Rohrhardsberg 1155
1100 Farnwald
P
Ochsenberg 982
Hintere Vogte
Vordere Vogte
NSG
Bling
Yacher Höhe
Bletz
Sauermatte
P
P
Hochmoorsee
Kostgefäll
Martins
Korallenhäusle
Weißenbacherwald
Brand 998
Blinde
Gefällfelsen
Steindobel
Gefällweg
NSG
Rohrhardsberg
Fuchsbach
967
NSG
Loch bauernhof
Ibichkopf
Ibichkopfweg
kapellen
Greisbacher Eck
P
Salzeck
Wallenbrunnen hütte
Wendelinkap.
Fam bauernhof
Großbühl
Obereck 1177
Obereckweg
Spechttanne
Weihenwald
Obere
Farnberg
Wunderle
1008
Schultiskopf 1071
Ibichhütte
Dürrstein
Erzkasten
wald
Vogte 1012
Weißenbacher Höhe 984
Weißenbach plick
Biathlonanlage
Kinderbach
Ibichhof
Breuelhof
Häusleberg
Josenkap. 775
Glasmattehütte
Glasmatte
Dreherhof
Kasmatthütte
Elz
1011
P
Gschweng 908
Kapf 878
Febrenbachhof
Skihütte
Briglirain
Furtwänglehof
Wahlenhof
Wahlenhof
Hintergriesbach
Winterwald
P
NSG
Moosschachen
P
Martinskapelle
Kolmenhof
1015 Ober-
Benjamins 954
Katzen-
Hansmichelshof
Kaltenbachhof
Roßeck 1152
Breggquelle
Donauursprung
Jonasenhof
steig
Katzenbühl 1045
Hofbauernhof
Bremeneck
Eck 792
Waldkircher Felsen
Siegelwald
Siegelhof
1032
Günterfelsen
Wälderhof
Heiden
Neuweg
Hugenhof
Eichbühl
schloss
Josenhof
Grün
Café Huber
Krusefelsen
450
Jockelehof
Nonnenbach
Wolfhof
1037
Brendhäusle
Brendwald
Brend
Katze
Dorfmuseum Jockenhof
Bei der Kirche
Rebstöck
Holzschlag
Nonnenbachhütte
Brendturm
Berggasthof Brend
0   500 m
Hi sepp

14

Waldtour

Zum Kolmenhof
Zum Gasthaus an der Bregquelle

DAUER	5h 30min
LÄNGE	15,5 km
HÖHENMETER	240 hm
SCHWIERIGKEIT	MITTEL
ÜBERNACHTUNG	ja

Das erwartet dich ...

Eine schöne Rundwanderung, die fast durchgehend im Wald verläuft. Überwiegend Forstwege, kurze Abschnitte auf Asphalt. Anfangs steil, anschließend Höhenwanderung mit sanftem Auf und Ab, zum Abschluss langgezogene, leicht abfallende Wegstrecke.

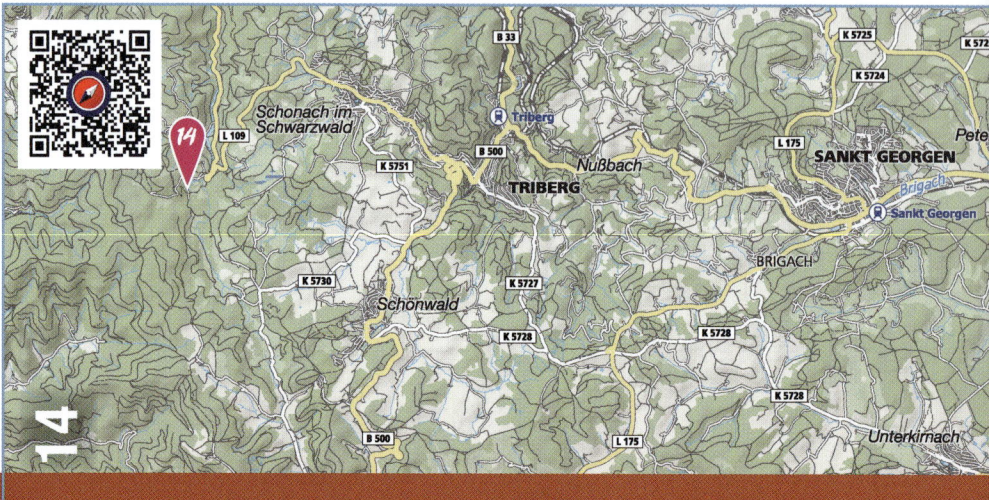

Start & Ziel & Anreise

Ausgangspunkt ist der Parkplatz im Elztal, nahe der Elzfälle und der Talstation des Skilifts Rohrhardsberg, 9 km westlich von Triberg, das über die L 109 angefahren wird. Bei der Anfahrt aus Richtung St. Georgen, Villingen oder Furtwangen mit NAVI, bitte als Zwischenziel Schonach eingeben, da man sonst über gesperrte Waldwege geleitet wird.

Tourenbeschreibung

Wir steigen vom Parkplatz am Osthang des Rohrhardsberges auf, passieren das Skilift-Häuschen, queren einen Skihang und wandern auf dem Richard-Tüchle-Weg hinauf zum Gasthof an der Schwedenschanze, im Volksmund auch „Schänzle" genannt. Bei einer Bauernvesper kann man sich hier stärken und einen wunderbaren Schwarzwälder Almblick genießen. Im Sommer hat das „Schänzle" an Wochenenden und Feiertagen geöffnet, im Winter täglich. Einige Meter unterhalb liegt der „Schänzlehof". Auch hier gibt es keine Übernachtungsmöglichkeit, aber beste Schwarzwälder Spezialitäten. Benannt sind beide Gasthöfe nach einer Schanzanlage, die im 30-jährigen Krieg (1618-1648) von den Schweden angelegt wurde.

Wir setzen den Aufstieg weitere 400 Meter fort und gelangen zu einem Aussichtspunkt, der bei klarer Sicht bis in die Vogesen und die Rheinebene blicken lässt. Wir wenden uns nach links und wandern entlang der Hangkante bis zur Yacher Höhe. Nachdem wir links in den Richard-Tüchle-Weg eingebogen sind, wandern wir in weiten Kurven und Kehren leicht ansteigend bis zum Griesbacher Eck. Am Wegweiser Christenmoos halten wir uns links in Richtung Spechttanne. Weiterhin folgen wir dem Richard-Tüchle-Weg, passieren die Skihütte Martinskapelle und erreichen die Martinskapelle und das wenige Schritte entfernte Höhengasthaus Kolmenhof. Direkt neben dem Gasthaus entspringt die Breg, ein Zufluss der Donau.

Der Kolmenhof bietet sich für eine ausgiebige Rast oder auch eine Übernachtung an (30 Betten, 80 Sitzplätze und großzügige Terrasse). Kinderspielplatz und -spielzimmer begeistern die kleinen Gäste. Für die Großen wird von fangfrischen Forellen über actionreiche Ausflüge bis hin zur Sauna allerlei geboten. Außerdem gibt es beim Kolmerhof einen QuellOmat: Das ist ein Verkaufautomat, an dem regionale Produkte direkt verkauft werden. Man kann also sagen, Direktvermarktung im besten Sinne.

Wir kehren zur Skihütte Martinskapelle zurück und setzen den Weg nun geradeaus fort (rechte Weggabelung). Nach etwa 5 Kilometern durch den Wald in Richtung Norden gelangen wir leicht absteigend über das Gehöft Korallenhäusle zum Ausgangspunkt zurück.

Die Martinskapelle an der Bragquelle

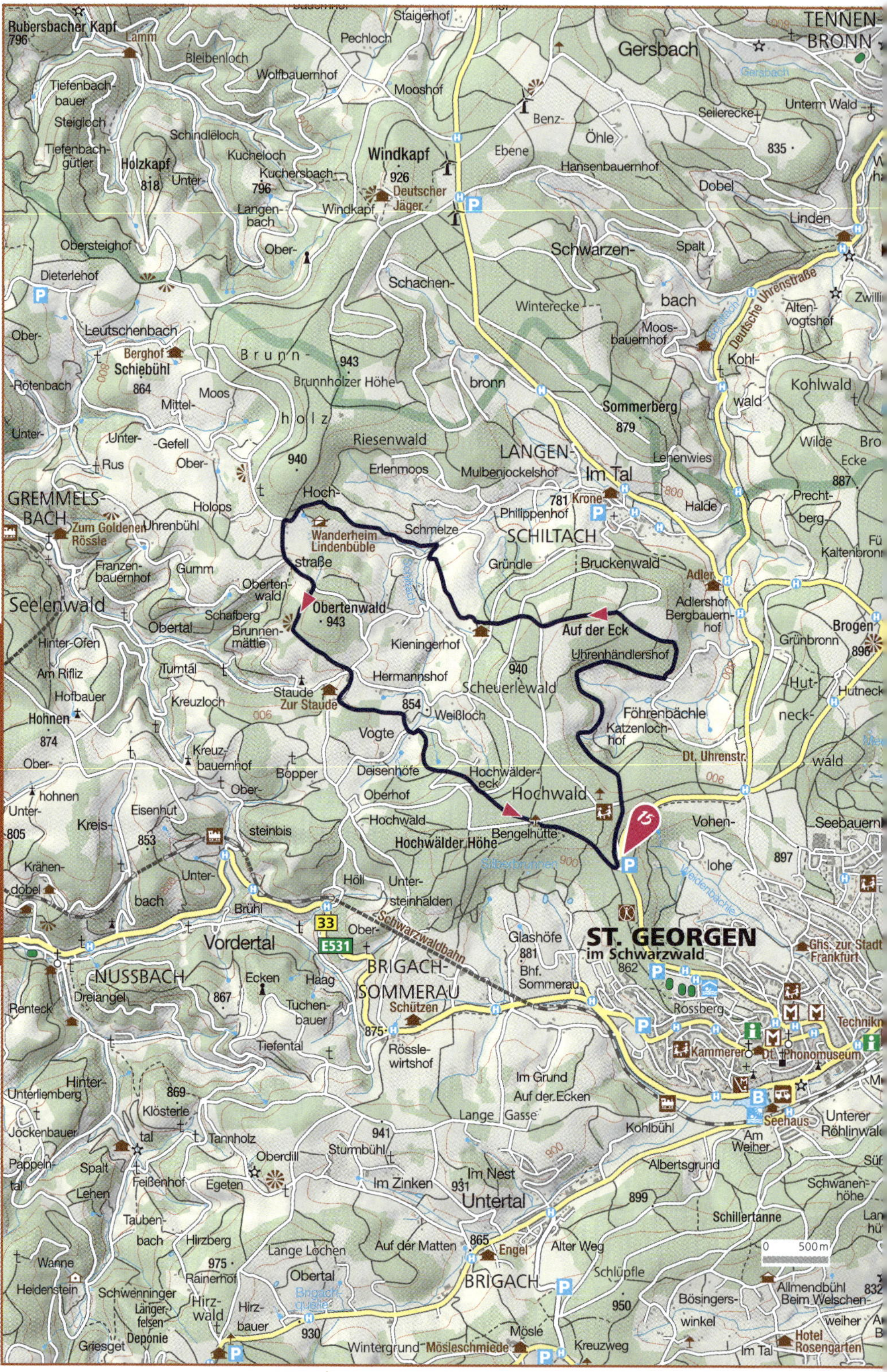
Rubersbacher Kapf
796
Lamm
Staigerhof
Pechloch
Bleibenloch
Wolfbauernhof
Mooshof
Gersbach
TENNEN-
BRONN
Tiefenbach-
bauer
Steigloch
Schindleloch
Tiefenbach-
gütler
Holzkapf
818
Kucheloch
Kuchersbach
796
Windkapf
926
Deutscher
Jäger
Windkapf
Langen-
bach
Ober-
Benz-
Öhle
Ebene
Hansenbauernhof
Seilerecke
Unterm Wald
835
Dobel
Linden
Obersteighof
Dieterlehof
Schachen-
Schwarzen-
Spalt
bach
Winterecke
Moos-
bauernhof
Deutsche Uhrenstraße
Alten-
vogtshof
Ober-
Leutschenbach
Berghof
Schiebühl
864
Brunn-
943
Brunnholzer Höhe
bronn
Kohl-
wald
Kohlwald
Sommerberg
879
Rotenbach
Moos
Mittel-
holz
Unter-
Unter-
Gefell
Ober-
Rus
940
Riesenwald
Erlenmoos
LANGEN-
Mulbenjockelshof
Im Tal
Lehenwies
Wilde
Ecke
887
GREMMELS-
BACH
Zum Goldenen
Rössle
Uhrenbühl
Holops
Hoch-
Wanderheim
Lindenbühle
straße
Schmelze
781
Krone
Philippenhof
SCHILTACH
Halde
Precht-
berg
Kaltenbronn
Franzen-
bauernhof
Gumm
Oberten-
wald
Gründle
Bruckenwald
Adler
Adlershof
Bergbauern-
hof
Seelenwald
Obertal
Schafberg
Obertenwald
943
Brunnen-
mättle
Kieningerhof
Auf der Eck
Brogen
896
Grünbronn
Hinter-Ofen
Uhrenhändlershof
Am Rifiz
Turntal
940
Hermannshof
Scheuerlewald
Hut-
neck-
Hutneck
Hofbauer
Kreuzloch
Staude
Zur Staude
854
Weißloch
Föhrenbächle
Hohnen
874
Vogte
Katzenloch-
hof
Ober-
Kreuz-
bauernhof
Bopper
Deisenhöfe
Dt. Uhrenstr.
wald
hohnen
Ober-
Hochwälder-
eck
Oberhof
Hochwald
Unter-
805
Kreis-
Eisenhut
853
steinbis
Hochwald
Bengelhütte
Hochwälder Höhe
Vohen-
Seebauern
Krähen-
dobel
Unter-
bach
Höll
Unter-
steinhalden
lohe
897
Brühl
33
E531
Ober-
Schwarzwaldbahn
Glashöfe
881
ST. GEORGEN
im Schwarzwald
862
Ghs. zur Stadt
Frankfurt
Vordertal
BRIGACH-
SOMMERAU
Bhf.
Sommerau
NUSSBACH
Dreiangel
Ecken
867
Haag
Tuchen-
bauer
Schützen
Rossberg
Renteck
875
Rössle-
wirtshof
Kammerer
Dt. Phonomuseum
Tiefental
Technik
Hinter-
Unterliemberg
869
Klösterle
Im Grund
Auf der Ecken
Lange
Gasse
Seehaus
Unterer
Röhlinwald
Jockenbauer
tal
Tannholz
941
Sturmbühl
Kohlbühl
Am
Weiher
Pappen-
tal
Spalt
Lehen
Feißenhof
Oberdill
Egeten
Im Zinken
Im Nest
931
Albertsgrund
Schwanen-
höhe
Untertal
899
Schillertanne
Tauben-
bach
Hirzberg
975
Lange Lochen
Auf der Matten
865
Engel
Alter Weg
0
500 m
Wanne
Heidenstein
Schwenninger
Langer-
felsen
Rainerhof
Hirz-
wald
Obertal
Brigach-
quelle
BRIGACH
Schlüpfle
Allmendbühl
Beim Welschen-
weiher
832
Deponie
Griesget
Hirz-
bauer
930
950
Bösingers-
winkel
Wintergrund
Mösleschmiede
Mösle
Kreuzweg
Im Tal
Hotel
Rosengarten

Gasthaus Staude
Im Schiltach-Quellgebiet

15

Waldtour

DAUER	3h 45min
LÄNGE	11,5 km
HÖHENMETER	280 hm
SCHWIERIGKEIT	MITTEL
ÜBERNACHTUNG	ja

Das erwartet dich ...

Diese Rundwanderung führt durch Wald und Wiesen zwischen zahlreichen allein-stehenden Bauernhöfen hindurch. Wir wandern auf kaum befahrenen Sträßchen sowie Waldwegen. Im ersten Teil der Tour sind einige Anstiege zu meistern, an-sonsten bewegen wir uns eher im flachen Gelände.

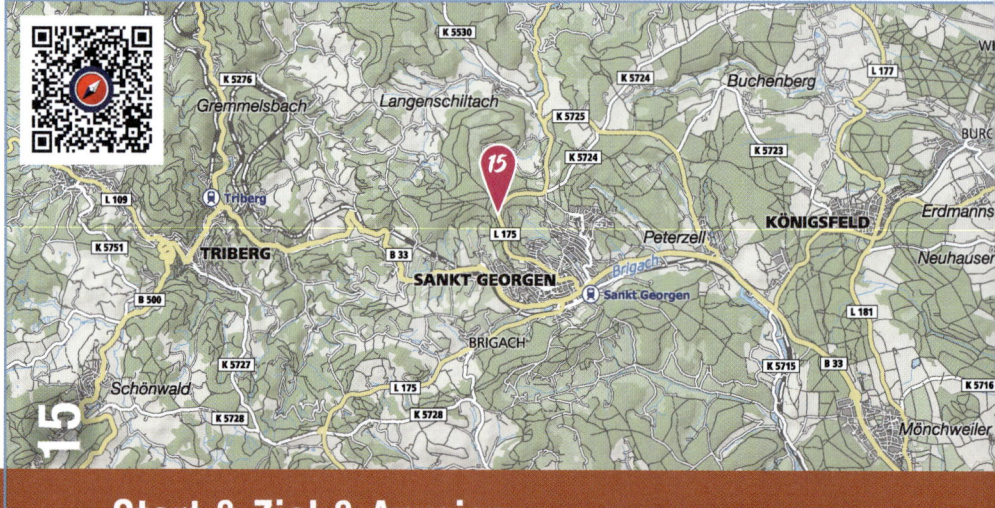

Start & Ziel & Anreise

Startpunkt ist der Wanderparkplatz St. Georgen an der Schramberger Straße, 2 km nördlich von St. Georgen. St. Georgen ist mit der Bahn von Villingen-Schwenningen aus in 12 Minuten zu erreichen. Per Auto nutzt man die B 33 aus Villingen-Schwenningen bzw. Triberg i. Schwarzwald.

Tourenbeschreibung

Wir starten die Tour entlang dem befestigten Forstweg, der von der Straße abzweigt. Durch den Wald geht es leicht bergauf, wir passieren den Waldspielplatz und mehrere Bauernhöfe. In einer weiten Rechtskurve zweigen wir links ab auf einen Waldweg, den Markierungen der blauen Raute folgend. Nun geht es steil hinauf zum Bergrücken „Auf der Eck", auf dem wir uns an der Gabelung rechts halten. Nach einiger Zeit senkt sich der Weg steil durch den Wald hinab zur Schiltach. Wir verlassen den Wald, halten uns wieder rechts und erreichen die Landstraße „Im Tal", der wir nach rechts zu den Häusern von Schmelze folgen. An der Holzofenbäckerei biegen wir scharf nach links ab und folgen der Straße bis zum Wanderheim „Lindenbüble".

Von Mai bis Oktober werden hier Kuchen, Vespern und kleine Gerichte angeboten. Auch Übernachtungen inkl. Halb- oder Vollpension kann man vorab über den Schwarzwaldverein St. Georgen buchen. Es stehen 20 Betten in Matratzenlagern zur Verfügung sowie 30 Sitzplätze. Komfortabler übernachtet man im nahegelegenen Ferienbauernhof Holops (2-6 Personen). Kurz nach dem Hof nehmen wir den rechten Abzweig und wandern in einer weiten Linkskurve am Hang des Obertenwaldes bis wir die Landstraße „Im Tal" erreichen. Dieser folgen wir bis zum traditionsreichen Höhengasthaus „Zur Staude". Hier kann man sich Schwarzwälder Spezialitäten schmecken lassen und auch übernachten. 12 Zimmer, Sauna und Spielplatz erwarten die Gäste.

An der „Staude" kreuzen wir die Straße und passieren auf dem Fahrweg den Zuckerbauernhof, der Lebensmittel in Bioland-Qualität produziert und zwei Ferienwohnungen zum Übernachten anbietet. Wir folgen weiter dem Fahrweg durch das flache Tal. Ein rechts abzweigender Waldweg steigt am Hang der Hochwälder Höhe sanft an und führt uns zu einer Wegkreuzung, an der die kleine Bengelhütte steht. Hier halten wir uns leicht links, an der nächsten Weggabelung rechts und gelangen so zum Ausgangspunkt.

Die Kühe des Kieningerhofs auf dem Weg zur Weide

Buchwald
Prozessbühl
474
Jockenhof
Blasiwald
Blasius
Riedern
Eschenfürst
Unterberg
Märchengarten
Wachfelsen
SIENSBACH
Herren-
Scheiben
Oberberg
Deutscher Hof
Mühle-
höfe
Bronnerhof
Elmlesberg
341
Unterdörfle
Unter-
simonswald
Bären
Biehlo
670
Geren
Zinken
An der Eck
Campingplatz
Schwarzwaldhorn
Oberdörf
KOLLNAU
Untertal
Elztalblick
Eichbühl
Eschbach
516
Junkerwald-
681
Rotacker

Waldkirch
urgruine
stelburg
Heimeck
Noppershof
Obertal
(Dobel)
Jungholz
Brandeckhütte
Gereuthof
Schlosswald
Gereut
1081
Gustav-Beck-Hütte
676
Dürrer Stein
Elztalmuseum
Schwarzwaldzoo
St. Michael
Alters-
bach
770
Kohlhütte
Hirschmöser
Pechdobel
Schöneichlehütte
Wolfsgrubenfelsen
1112
Wolfsgrubenkopf
Wildemannfels
Schön-
eichle
322
esen-
ehren-
tsche
Forstsiedlung
Hugenwald
Langeck
666
Wasserfall
Alois-
Rohrauer-
Hütte
993
Waldfriedhütte
Rappfelsen
Rötwasser
Langendobel
Eckschlag
Bründlwald
Wachtelsee
Waldheilhū
1008
Detten-
bach
395
Wahlenhof
Weiherwald
Ruine
Schwarzenberg
Schwarzenberghütte
Knobendobel
703
Albinhütte
Kandelfelsen
Heibeerfelsen
Sattelhöhe
1217
Kandelwasen
Goldsbachhütte
Linienhütte
Schwarzenberg
Kranzkopf
816
Gullerkopf
817
Härterer Felsen
976
Kleiner Kandelfels
Thomash
Kandel
1242
Piuskapelle
Kandelhof
994
Hochkop
1078
Güllenbühl
656
Kandelwald
Gummenhofhütte
Schwarzes Moos
Linie
985
lotterbad
Pfisterhof
"Schwarzwaldklinik"
Hintere Hochw
moos
Dreier
allmend
Reha-Klinik
Glotterbad
Harterhof
Gullerhof
Ambshof
Winter-
hole
994
Gummenhof
1013
Brulenz
önne
Talstraße
Birklehof
Linderhof
Heideneckhöfle
Dissel-
häusle
714
Glotter-
rainhof
Dischhansenhof
369
Ober-
Dilgerhof
Lautackerhof
Häuslewald
Kandelberg
Bayerhäusle
Urgrab
Hofbauernhof
pbühl
Vogtshansenhof
Kapphansenhof
Kappbläsihof
glottertal
Rohrerhof
Neubauernhof
Rohr
Schuler
Engel
Sägendobel
Willmen-
Schererhof
Scherersköpfle
716
Hilzingerhof
848
Disselhof
Jockenhof
Felsenhof
Heizmannsberghäusleweg
910
ampferhof
Wüspenhof
Steinrüttewald
Klausenhof
Bühlhof
Ebnehof
Vorde
Willm
Gscheidbühl
Brombeerkopf
864
Kunklerwald
Klausenfelsen
Ränke
Unter-
wasser
Heitzmannsberg
Berghof
Weis
0   500m

Berggasthof Kandelhof

Aussicht bei Waldkirch

Panoramatour 16

DAUER	4h 15min
LÄNGE	12 km
HÖHENMETER	790 hm
SCHWIERIGKEIT	SCHWER
ÜBERNACHTUNG	ja

Das erwartet dich ...

Diese schöne Rundwanderung führt hauptsächlich durch den Wald. Dabei müssen wir einen langen Anstieg mit steilen Abschnitten und ebenfalls einen langen Abstieg bewältigen. Wald- und Forstwege und naturnahe Pfade begleiten uns dabei. Der Kandel wirkt durch seine exponierte Lage eindrucksvoller als benachbarte Berge vergleichbarer Höhe und bietet tolle Ausblicke auf die Vogesen im Westen und die Alpen im Süden.

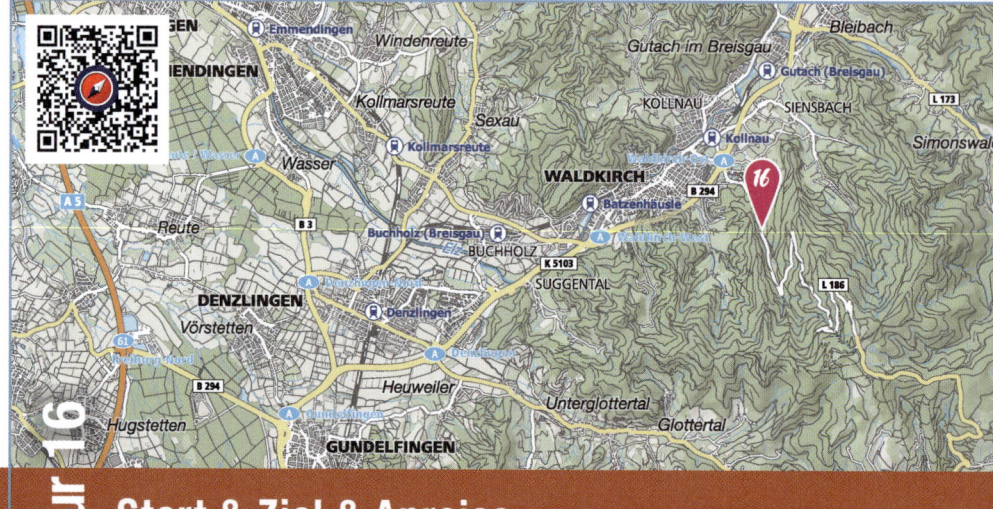

Start & Ziel & Anreise

Los geht's am Parkplatz beim Gasthaus Altersbach. Wir verlassen die Autobahn A 5 bei der Ausfahrt Freiburg Nord (61) und fahren Richtung Waldkirch. Dann weiter auf der B 294 durch den Tunnel und bei der Ausfahrt Waldkirch Ost halten wir uns an die Wegweiser zum Kandel.

Tourenbeschreibung

In der frühen Neuzeit galt der Kandel als der „Blocksberg des Schwarzwaldes". Das untere Elztal war einer der Schwerpunkte der Hexenverfolgung in Deutschland. Die Walpurgisnacht wird heute zum Glück nur noch als Brauchtumspflege begangen. Nach einer Sage trieb die Hexe Gfällrote am Kandel ihr Unwesen. Die kahle Gipfelkuppe des Kandels (1242 m) bot ihr einen Hexentanzplatz. Heute ist der Kandel aufgrund des hervorragenden Rundblicks, der Einkehrmöglichkeiten und der Skilifte ein ganzjährig beliebtes Ausflugsziel.

Vom Parkplatz beim Gasthaus Altersbach überqueren wir die Kandelstraße. Ein Waldweg bringt uns hinauf zum quer verlaufenden Damenpfad. Ihm folgen wir nun nach links auf den Höhenrücken Langeck, einem Nordausläufer des Kandel. Wir passieren die Langeckhütte und erreichen bald darauf den Großen Kandelfelsen. Noch bevor wir den Felsen erreichen, folgen wir rechter Hand einem Weg in einigen Kehren steil hinauf zum Hessfelsele. Von hier aus führt der Weg weiter hinauf zum Waldrand an der Kante der kahlen Gipfelkuppe des Kandels. Die Aussichtskanzel bietet bei guten Sichtverhältnissen einen herrlichen Rundblick.

Schließlich erreichen wir das Berghotel Kandel: Das Gasthaus stand zwanzig Jahre leer, bis es vom Metzger Reichenbach aus dem Glottertal aufgekauft und umfassend renoviert wurde. Der Plan war den Glottertäler „Hausberg" Kandel mit einem einzigartigen Gastronomiekonzept wiederzubeleben. Am Gasthaus überqueren wir die Straße und folgen dem Kandel-Höhenweg durch ein Hochmoor zum Waldrand.

Über den bewaldeten Gipfelrücken führt der Weg stetig bergab, am Rastplatz Kohlplätze und der Alois-Rohrauer-Hütte (780 m) vorbei. Kurz vor dem Bach gelangen wir an einen quer verlaufenden, vom Kandel herabführenden Weg. Er bringt uns nach rechts hinab zum Ausgangspunkt.

Autoren Tipp

Am Kandel werden verschiedene für gebirgige Regionen typische Freizeitmöglichkeiten angeboten: So kann man neben dem Wandern und Mountainbiken am Großen Kandelfelsen auch Klettern. Zudem gibt es Startplätze für Drachen- und Gleitschirmflieger. Im Winter stehen im Gipfelgebiet Skilifte zur Verfügung, bei guten Schneeverhältnissen wird eine 5 km lange Loipe gespurt.

Buchwald
Prozessbühl
474
Blasiwald
St. Blasius-Kap.
Birklehof
OLLNAU
Burgruine Kastelburg
Waldkirch
Elztalmuseum
Schwarzwaldzoo
322
Riesen-röhren-rutsche
Hugenwald
Detten-
bach
395
Stahlhof
Wahlenhof
rodtenberghof
ege
bach
Ruine Schwarzenberg
Schwarzenberghütte
Schwarzenberg
Kranzkopf
816
Gullerkopf
817
glotterbad
"Schwarzwaldklinik"
656
Güllenbühl
Reha-Klinik Glotterbad
Harterarhof
Gullerhof
Pfisterhof
Birklehof
SONNE
örfle
Talstraße
369
Glotter-rainhof
Dischhansenhof
Vogtshansenhof
appenbühl
Kapphansenhof
Schererhof
Scherersköpfle
716
Stampferhof
Gscheidbühl
Brombeerkopf
864

SIENSBACH
Mühle-höfe
Bären
Biehl
Untertal
Elztalblick
Eichbühl
Eschbach
St. Michael
770
Altersbach
Langeck
666
Wasserfall
993
Alois-Rohrauer-Hütte
Rotwasser
703
Weiherwald
Knobendobel
Härterer Felsen
976
Thomash.
Kleiner Kandelfels
Kandelwald
Linderhof
Ober-
glottertal
Hofbauernhof
Kappbläsihof
Dilgerhof
Lautackerhof
Hauslewald
Hilzingerhof
848
Steinrüttelwald
Disselhof
Jockenhof
Klausenhof
Klausenfelsen
Kunklerwald
Ränke

Riedern
Riedern weg
Bronnerhof
Elmlesberg
670
Zinken
Junkerwald
Noppershof
Obertal (Dobel)
Kohlhütte
516
Geren
An der Eck
681
Brandeckhütte
Jungholz
Hirschmoser
Pechdobel
Waldfriedhütte
Rappfelsen
Heidbeerfelsen
Sättelhöhe
1217
17
Albinhütte
Kandelfelsen
Kandel
1242
Gummenhofhütte
Winter-
hole
994
Gümmenhof
Heideneckhöfle
Disselhäusle
1013
Brulenz
Kandelberg
Bayerhäusle
Neubauernhof
Rohrerhof
Rohr
Felsenhof

Eschenfürst
Wachfelsen
Herren-Scheiben
Deutscher Hof
341
Unterdörfle
Untersimonswald
Campingplatz Schwarzwaldhom
Oberdör.
Schöneichlehütte
Wolfsgrubenkopf
Wolfsgrubenfelsen
1112
Schönelchlehütte
Schlosswald
Gereuthof
Gustav-Beck-Hütte
Gereut
1081
676
Dürrer Stein
Wildemannfels
Schön-eichle
Eckschlag
Bründlewald
1008
Waldheim
Wacht-felsen
Schle-felser
Piuskapelle
Kandelhof
994
Goldsbachhütte
Linienhütte
Linie
Schwarzes Moos
Hochkop
1078
985
Su bri.
Hang-
moos
Rohr
allmend
Dreier
Schuler
Engel
Sägeck
Urgrabe
Sägendobel
714
Haldenhof
Heizmannsberghäusle
910
Ebnehof
Bühlhof
Unter-
wasser
Heitzmannsberg
Berghof
Waldcafe
Weisenhof
Vord.
Willn.

Herren-
Unterberg
Märchengarten
Oberberg

0   500m

Deutsche Uhrenstr.
Kandelwald
Schwarzwald Panoramastraße

Panoramatour 17

Gummenhofhütte
Aussichtsreich um den Kandel

DAUER	2h 45min
LÄNGE	8,3 km
HÖHENMETER	240 hm
SCHWIERIGKEIT	MITTEL
ÜBERNACHTUNG	nein

Das erwartet dich ...

Kurz und an manchen Stellen sogar etwas knackig – so umrunden wir auf breiten Forstwegen und Wald- und Wiesenpfaden den Kandel. Trittsicherheit braucht man an einigen felsigen und schmalen Wegabschnitten, stellenweise ist es sogar ein wenig ausgesetzt. Die Krönung bildet am Ende der 1241 m hohe Kandel, der höchste Berg im Mittleren Schwarzwald, der sich massiv über der Rheinebene erhebt.

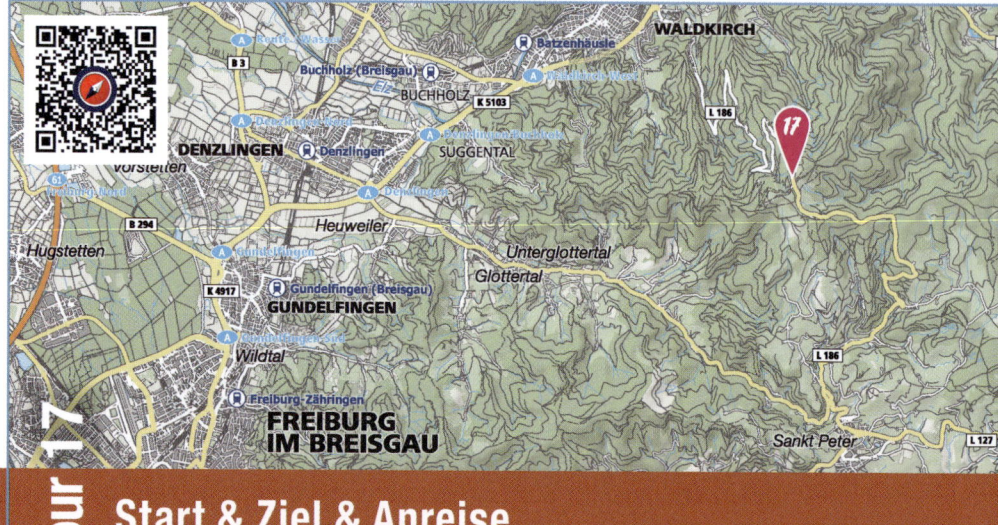

Start & Ziel & Anreise

Ausgangspunkt ist das Kandelhotel an der Kandelpassstraße. Es gibt zwei Zufahrtsstraßen zur Bergwelt Kandel. Von Freiburg kommend fährt man durch das malerische Glottertal, von Waldkirch führt die kurvenreiche L186, ein Teil der Schwarzwaldpanoramastraße, auf den Kandel. Vor dem Haus sind ausreichend eigene Parkplätze vorhanden, zusätzlich ist der öffentliche Kandelparkplatz in unmittelbarer Nähe.

Tourenbeschreibung

Wir beginnen unsere schöne Runde am Kandelhotel, von dem aus wir hinüber wandern zu den Borstengraswiesen. Recht schnell biegen wir jedoch rechts ab und laufen über eine Wiese zum Waldrand. Auf schattigem Waldpfad geht es leicht hinab. Rechts unter uns sehen wir schon eine breite Forststraße, der wir wenig später nach links folgen. An der nächsten Wegkreuzung schlagen wir mit der gelben Raute den mittleren Weg ein und schwenken kurz darauf bei der Pos. Sattel nach links Richtung Sautränke. Ein wurzeliger Pfad bringt uns durch den Wald. Am Hang schließlich bietet sich ein herrlicher Blick nach rechts. Achtung, hier ist der schmale Pfad ausgesetzt und stellenweise feucht.

Am wunderschönen Aussichtspunkt Heibeerfelsen, nur wenige Meter rechts vom Weg, halten wir kurz inne; dann traversieren wir in Kehren am steilen Hang entlang. Von Panoramablicken begleitet verbreitert sich der Pfad und wird dann steiler, bis wir an einen Forstweg und die Sautränke treffen. Links gewandt passieren wir auf dem flachen, breiten Forstweg einen Picknickplatz mit Tischen und Bänken. Danach führt uns ein Waldpfad nach links: Wir sehen nun die Kandelpassstraße und wandern geradeaus durch den hochstämmigen Wald. Nach der Passstraße halten wir uns links, etwas oberhalb der Straße, auf einem flachen Pfad am Waldrand entlang. Wir bewältigen eine ausgesetzte Stelle, dann wird der Pfad steiniger und es tauchen Felsen entlang des Weges auf. Der Pfad mündet schließlich in einen breiten Forstweg, dem wir nach links ansteigend folgen. Wenige Meter später schon biegen wir rechts ab und folgen einem schmalen Pfad hinab. Immer wieder ausgesetzt wechselt der Pfad zwischen Laubboden und felsigem Untergrund und bringt uns schließlich eben zur Serpentine.

Geradeaus, wenige Schritte später dann nach links: Ein schmaler Pfad führt uns durch den Wald hinauf. Erst am Hang, dann am Waldrand entlang warnt bald ein Schild: „Felssturzgefahr. Nicht stehen bleiben". So setzen wir schnell unseren Weg fort bis zum Großen Kandelfelsen. Hier folgen wir den Schildern Richtung Thomashütte: Links hinauf über einen schmalen Pfad, dann queren wir einen Forstweg und erreichen einen weiteren, kreuzenden Forstweg, der uns nach rechts schnell zur Thomashütte mit toller Aussicht bringt. Wieder an der Kreuzung geht es geradewegs einen steinigen Weg bergauf. In der freien Fläche laufen wir weiter geradeaus, nicht so steil und durch lichten Wald bis zum Hoschgetkreuz. Ein Schild am Baum zeigt den Weg zum Fensterlewirt.

Über freie Fläche erreichen wir in sanftem Abstieg einen breiten Forstweg und danach wieder leicht ansteigend die Gummenhofhütte. Hier wird regionales und saisonales Essen angeboten. Eine herrliche Aussicht auf die umliegenden Berge von der Wurzel-Lounge ist ein weiteres Highlight. Interessierten werden Kräuterwanderungen, Mountainbike-Guiding, Schwarzwaldführungen und vieles mehr angeboten. Übernachtungsmöglichkeiten gibt es am nur 15 Minuten entfernten Berggasthaus Kandelhof. Für den Rückweg geht es links über einen Wiesenhang hinauf zu einer Hochfläche mit schönem Zweitälerblick. Hinter einer weiteren Linkskehre steigen wir auf den Kandelgipfel. Im Anschluss an die schöne Rundumschau laufen wir rechts hinab zum Kandelhotel und zurück zu unserem Ausgangpunkt.

18

519
Todtenberg 607
Wege-
bach
Weiherwald
Knobendobel

Grabenhof
Stalzenberg
649
Ruine Schwarzenberg
Schwarzenberghütte
703

SUGGENTAL
bollwald
Besucherbergwerk
P
Adamshof
Schwarzenberg
Kranzkopf
816
Härterer Felsen
976
Albinhütte
P
Ka

Vogelsanghof
817
Gullerkopf
Kleiner Kandelfels
Thomash.
Kandeltal

Wissereck
480
Schlosswaldeck
Luser 669
Kandelwald

Mattenmühle
Wissenhof
Düschenhof
Schlossdobel
Fuchsfelsen
Eichberg
Glotterbad
Pfisterhof
"Schwarzwaldklinik"
Gullenbühl
656

Unter-
Schlosshof.
Enge
Winterbach
Lindingerhof
glottertal
Schlossmühle
Dörfle
18
Reha-Klinik Glotterbad
Harthof
Harterhof
Gullerhof
Ambshof
Häuslewa

Zum Kreuz
Flammhof
Wiggisrain
Tritschlerhof
Leimenhof
Molzenhof
323
Sonne
Talstraße
369
Birklihof
Linderhof
Dilgerhof
Lautackerhof

Flissertkopf
506
Unter-Draier-hof
Wahlenhof
Ohrensbach
Kappenhof
Glotterrainhof
Dischhansenhof
Hofbauernhof
Ober-
glottertal
Kappbläsihof

Glottertal
Silbergrüble
493
393
Kappenbühl
Kapphansenhof
Schererhof
Scherersköpfle
716
Lenzenhof
Hilzingerhof
848
Steinrüttelwald
Dis

chberg
föhrental 400
Kapellenhof
Fannhöhle
Stampferhof
Wüspenhof

Föhrental
Herbsthansenhof
456
Zimmereck
Allmend
729
Nesselplatz
Elzendobel
P
Nesselbrunnen
Gscheidbühl
Brombeerkopf
864
Kunklerwald
Ränke
Badische We

Ober-eck
Wildtaler-eck
sänkopf
608
föhrental
Erlezmatten
Fläunser
866
NSG
Klausenhof
Pfeiferwald
Lindlehof
Langeck
862
W Lan
Grundhof
Hilzihäusle

Streckerhof
706
Hohstegkopf
Holzschlag
Konventwald
Gabelsdobel
Molzenhof
Kappdobel
Scherlenzendobel
Ober-bauernhof Scherlehäusle

Hornbühl
727
Streckereck
Bruckwald
Rotenbauerhof
Salzberg
Hinter-eschbach
453
P

erwald
Langenbachereck
564
Attental
Hanseneck
Maierswald
600
Obertal
Hügmichelhof
Lind berg

Haller
525
Schlangenkapelle
Café Faller
Albrechtshof
Eck 642
Untertal
Eschbach
Fußhof

534
Bankscherhof
Rauferhof
Martinshof
Steurental
Andrissenhof
Domilishof
Fußhäusle
Fußhäusle
687

Ziegelhüttenhof
P
Hannisenhof
Wittental
Schererhof
Scherereck
520
Landhotel Reckenberg
Schwabenhof
Reckenberg
Berghäusle
Grätlewald
Sommerberg
535
Schlegelhanshenho

333
ne Straße
Breitehof
Baldenwegerhof
350
Falken
Büchbühl
463
Hirschen
Bankenhof
Mooshof
393
Berlachen
Sommerberg
Berg-haus
Simili

Eschbach
Stegen
381
Rechtenbach
Reckenhof
Jägerhof
Similishof

0   500 m

Wuspenhof
Hoch über dem Glottertal

DAUER	5h 30min
LÄNGE	16 km
HÖHENMETER	540 hm
SCHWIERIGKEIT	SCHWER
ÜBERNACHTUNG	nein

Das erwartet dich ...

Die lange Rundwanderung bewegt sich am südlichen Hang des Glottertales. Wir laufen dabei hauptsächlich durch schönen Wald. Zwischendurch müssen wir einen langen, streckenweise steilen Anstieg bewältigen. Danach geht's in leichtem Auf und Ab an den langen Abstieg. Im Tal wandern wir auf Asphaltwegen, ansonsten über schöne Wald- und Forstwege.

Start & Ziel & Anreise

Wir beginnen unsere Wanderung beim Freibad im Ortsteil Dörfle in der Gemeinde Glottertal. Von Freiburg im Breisgau erreichen wir den Ort über die B3 bis Denzlingen. Dann nehmen wir die Ausfahrt Richtung St. Peter, Glottertal und fahren auf der B294 weiter Richtung Glottertal. Am Freibad befinden sich ausreichend Parkmöglichkeiten.

Tourenbeschreibung

Die Nähe zur Rheinebene beschert der Gegend ein mildes Klima, das im unteren, breiten Abschnitt des Glottertals sogar den Weinbau möglich macht. Im oberen, engen Talabschnitt dagegen können nur wenige Bauernhöfe existieren. Vom Freibad in Glottertal-Dörfle wandern wir zunächst zurück zur Durchgangsstraße. Hier biegen wir rechts ein und wenden uns nach ca. 50 Metern nach links. Wir steigen nun auf ein Sträßchen, dem Ahlenbach, in einem Seitental an und erreichen bald am Scherrerhof eine Gabelung. Hier halten wir uns rechts zum Stampfhof und wenden uns gleich darauf wieder nach rechts. Ein steiler Weg bringt uns nun hinauf – am gegenüberliegenden Hang des Glottertals erblicken wir ein großes Gebäude: Es ist die aus der TV-Serie allseits bekannte „Schwarzwaldklinik". Schließlich erreichen wir den Nesselplatz, eine Wegkreuzung, die in einem niedrigen Sattel liegt.

Nun wandern wir in leichtem Schritt auf und ab. Dabei erhaschen wir gelegentlich einen Blick auf die Vogesen und erreichen sodann am Westhang der Erhebung Flaunser (866 m) die Wegspinne „Am Flaunser". Der Weg führt uns nach links über den leicht ansteigenden Kandel-Höhenweg am Flaunser-Südhang entlang. Wir erreichen die Freiherr-von-Schauneburg-Hütte, die uns in herrlicher Lage einen schönen Blick auf das Feldberg-Massiv gönnt. Dann steigen wir weiter hinauf zur Scheitelhöhe des Bergrückens. Wieder auf und nieder bringt uns der Weg schließlich am Südhang des Brombeerkopfs (864 m) an einen weiteren Weg, der vom Kandelhöhenweg links abzweigt und hinauf zum Wuspeneck führt. An dieser Wegkreuzung auf der Scheitelhöhe geht es dann bergab zu einer Lichtung und dem Wuspenhof. Bauernvesper, Speckvesper und belegte Brote stehen hier auf der Karte. Wurst und Speck sind selbstgemacht und sehr lecker. Zudem kann man auch preiswert übernachten!

Nach einer ausgiebigen Rast wenden wir uns nun dem langen Abstieg zu, der uns – unterbrochen von einem kurzen Anstieg am Scherrersköpfle (716 m) – zum Glotterrainhof am Fuß des Talhangs bringt. Rechter Hand wandern wir über das Zufahrtssträßchen des Gehöfts über den Glotterbach zur Talstraße. Wir folgen der Straße nach links und erreichen so wieder unseren Ausgangspunkt.

Der Nebel zieht über das Glottertal

19

Brundlewald
Wachtfelsen
Waldheilhütte 655
Hornkopf 1121
Waldmattenhütte
Gasthaus Erle
Ober
Heiberfelsen
Schlössle-felsenhütte
Herzhütte
Metzgerhäusle
Mattenhof
simonsw
En
Sattelhöhe 1217
Kandelwasen
Goldsbachhütte
Kaltenbrunnen
Dümpfle
Farnhof
Ganterhof
Beim
Piuskapelle
Kandelhof 994
Linienhütte
Dreispitz 1068
Horn-
Schurtenhof
Schlemperhof
Wehrleshof
Schwarzes Moos
Linie
Ruthsepp
Buchhorn
brunnen
Obertal
simonshof 732
Vogtshof
Hummenhofhütte
Hochkopf 1078
Hinterer Hochwald
Althäuslehof
NSG
Plattenhäusle
Rohr-
Hang-
moos
allmend
Neuwelt
Sulz-brunnen 985
Baschijörgenhof
Hinter-bauernhof
Platten-höfe 994
Plattenhof
W
a
d
663
Heideneckhöfe
Dreier
1013
Brulenz
Sägeck
Scherzingerhof
Urgrabenhof
Brosihof
Langeckerhof
Zweribach-Wasserfälle
Heide 707
Kandelberg
Bayerhäusle
Schön-höfe
Plattenteich
Gschwinghof
Fieber-brunnen
Hogenhof
Heiden-schloss
NSG
Neubauernhof
Schafteck
Jockenhof
Stockhof
Hohwarts-felsen
Luxe
Rohr
Felsenhof
Schuler
1002
Vorderer
Hochwald
Hirschbächfälle
gummenhof
Sägendobel
Hinterer Willmen
Willmen-dobel
1051
Gutache
hausenhof
714
Haldenhof
Heizmannsberghäusle 910
1000
Oberibentaler
Allmend
Unter-wasser
Ebnehof
Vorderer Willmen
Hochrütte
Vogesen-kapelle
Kapfenberg 1040
Kapfenkapelle
Ränke
Berghof
Weisenhof
Diescheneck
1029
Hornhof
Waldcafe
Schmittenbach
788
Dischenhäusle
Kapfen-mathishof
Uhufelsen
19
Ingritt
749
Schwarzwald-Panoramastraße
Deutsche Uhrenstr.
Schön-bachhof
Rainerhof
Luxhof
Aumatte Eck
Der Theeho
Horn 808
ehem. Kloster St. Peter
Steighof
Thaddäushof
Kreuzhof
Boshof
Kapfenhof
Salpeterhof
Birkenweghof
Franzosen-schanze
Hoch
St. Peter
Bürgerschaft
Schweighof 716
Hulochhof
Gerngroßhof
Glasträgerhof
Rankhof
Hotel Löwen
Seelgut
Schafhof
Burlehof
Hugsberg 863
Klostermuseum
Rößle
Muckenhof
Hochgericht
Oberibental
Langenhof
Zwerisberg
Hummelmühle
St. Märg
hof
Schönberg
570
Steinhäuslehof
Hannisenhof
Ohmenkapelle 889
Pfister
Lindenberg 814
Freienhof
Rufenhof
706
Kussenhof 718
608
Beim Klausen
Pilgergaststätte Lindenberg
Wolfsteigehof
Zwerisberg
Kussenmühle
Rohrwald
Lehenhof
Sommerberg
Landerhäusle
Löwen
Vorder-bauernhof
Rohrberg 868
Thomash
lihäusle
Thomas-ansenhof 499
Mathislehof
Haurihäusle
Haurihof
Hinter-bauern-hof
Schmiedhäusle
Schmiedhof
Pfändlerhäusle
Holzschlag
Schlecker
Wirtshäusle
Steighof
Vogelacker
775
Schweigbrunnen
Pfändler 864
Winterberg
Schneidershof
Schneidershäusle
Winterkapf 796
Saierhäusle
Schuhhäuslegut
Rothenbauernhof
Herrenbach
Pfändlhof
Eck-
Pfändler hansenhof
Hansjörg
Wagensteig
Hirschen
Koblergrundhof
Rufenhof
Mühle am Erlenl

0   500 m

Panoramatour 19

Plattenhof

Barockkloster und Traditionsgasthof

DAUER	4h 45min
LÄNGE	16,5 km
HÖHENMETER	390 hm
SCHWIERIGKEIT	MITTEL
ÜBERNACHTUNG	ja

Das erwartet dich ...

Das Klosterdorf St. Peter liegt in einem Hochtal, umgeben von bis zu knapp über 1000 Meter hohen Bergrücken. Das Gasthaus Plattenhof liegt auf einem dieser Bergrücken. Rundwanderung über größtenteils bewaldete Hochfläche. Die Tour beginnt allerdings mit einem langen, teilweise steileren Anstieg. Wir wandern auf Fuß- und Forstwegen, teilweise auch auf Asphalt.

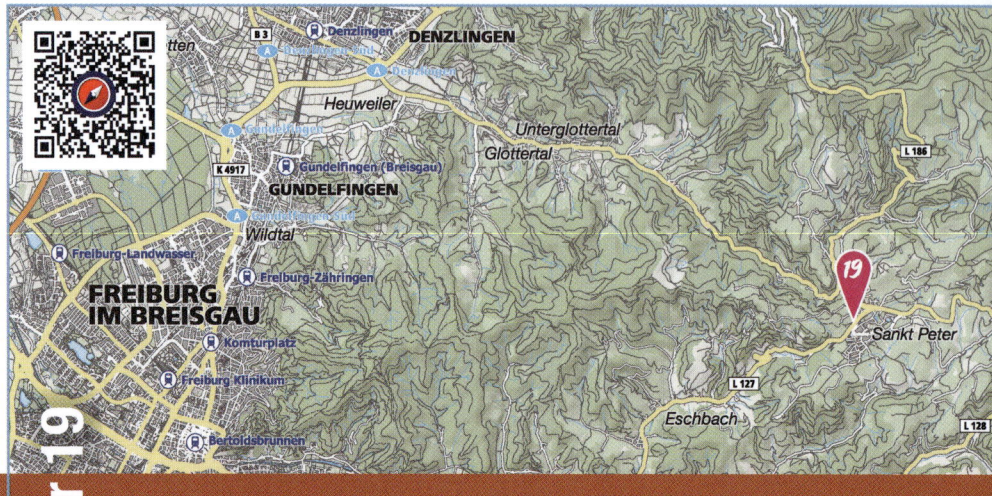

Panoramatour 19

Start & Ziel & Anreise

Bei St. Peter gibt es einen Besucherparkplatz unterhalb des Klosters. Wir erreichen
Hof und Gasthaus über die L 133/L 127 aus Freiburg i. Breisgau. Die Busse 7216
aus Kirchzarten/Hinterzarten und 7205 aus Denzlingen machen ebenfalls stündlich Halt in St. Peter.

Tourenbeschreibung

Unsere Tour beginnt am Kloster. Von hier aus folgen wir der Straße Müh-
legraben in nordöstlicher Richtung und queren am Ortsrand die Landstraße
durch die Fußgängerunterführung. Wir wandern nun über offenes Gelände,
vorbei am Weiler Schmittenbach, teilweise steil hinauf zum Waldrand. Hier
biegen wir rechts ab und gelangen zur schindelgedeckten Vogesenkapelle.
Sitzbänke laden zu einer Rast mit Blick ins Tal ein. Wir setzen den Weg fort,
teils durch den Wald, größtenteils aber am Waldrand entlang und erreichen
erst eine Wegkreuzung, dann bald die kleine, hölzerne Kapfenkapelle. Bei einer kurzen Rast genießen wir die Ausblicke auf den berühmten Feldberg und
die Vogesen.

Wir gehen ein paar Meter zurück zur Wegkreuzung. Hier nehmen wir den
Waldweg, der leicht rechts in den Wald hineinführt. Wir folgen dem Weg bis

zum Hirschbachtal. Nach einer Rechtskehre halten wir uns rechts auf dem Finstergrundweg. Dieser folgt zunächst der Kante des Talhangs. In einem engen Taleinschnitt kehrt sich der Weg nach rechts. Bei der folgenden Weggabelung halten wir uns rechts, biegen kurz vor dem Waldrand links ab und gelangen zum Plattensee. Am See entlang folgen wir der Straße und erreichen das Gasthaus Plattenhof. Der bewirtschaftete Hof mit vielen Tieren bietet zwei Ferienwohnungen mit 2 bzw. 4 Betten. Im Sommer und in den Weihnachtsferien hat die Gaststätte von Mittwoch bis Sonntag geöffnet, im Winter nur samstags und sonntags. Serviert werden deftige Gerichte, auch zur Schlachtplatte kann man sich mehrmals im Jahr anmelden.

Wir folgen der Fahrstraße um eine Linkskehre und bis zum nächsten Gehöft. Hier wenden wir uns nach links zum Waldrand. Wir biegen rechts ab und folgen dem Waldweg (bei der Kreuzung geradeaus) bis unser Weg am Waldrand in eine Straße mündet. Wir folgen dieser nach links und erkennen sie schon bald als das Sträßchen, das uns von St. Peter aus zum Wald heraufgebracht hat. Und so passieren wir erneut den Weiler Schmittenbach und sind bald darauf zurück in St. Peter.

Der Plattenhof lädt zum Vespern ein

Wald

Zastler
Bretterackerhaus
Hinterwaldkopfhütte
1120
Medererberghaus

rzrütte
Adamshof
1131 Kalteck
Rappenfelsen
Horneck
1232
Bankgallihöhe
1210
Hamselehof
Weberhänsenhof
Sägenbauernhof
1052

Langrütte
Naturfriedhof
Ruheberg
Rüheberg
1138
Medererhof
729 Langegrund
Haselmichelhof
Z. Engel
Waldhotel
Fehrenbach
Biste

Stollenbacher
Hütte
Schweizerhof
Hauseckfelsen
Langacker
1196
Fürsatz
Fürsatz
Bister

Heibeermoos
Zeigerhalde
Ahorndobel
Wieswaldkopf
1278
Spähnplätz
Urbershütte
Kaspelshütte
Kaspelskopf
1177
Häusle

Stollenbacher
Weide
Heibeermoos-
hütte
Klausenhütte
Schweizerwald

hornkopf
1254
Toter Mann
1321
Weites Moos
963
Rinken-
dobel
Rinken
Jägerhm.
Rinken
1196
Sägenbachschlag
1204
1054
Wunderlehof

Eibenfelsen
Hütten-
wasen
Zastler
Hütte
Zastler 1262
Baldenweger
Hütte
Rufenhütte

Napf
Kammeneck
Immisberg
1373
Loch
Baldenweger
Buck
1460
Buchbühl

Naturschutzgebiet
Feldberghalde
Wetter-
station
DWD
1493
Feldberg
1114
Feldsee-
moor
Raimartihof
Zipfelmühle
Rotw

1287
rrenhalde
St. Wilhelmer
Hütte
1423
Emil-Thoma-
Weg
Feldsee
(1109)
Waldhofwiese
996

Mantelhalde
1337
Laurentius
Kapelle
Todtnauer
Hütte
1319
Bismarck
Denkmal
Seestraßchen

Rotenbach
Luderberg
1276
Seebuck
Feldberg-
turm
Haus d. Natur
Feldberg
Köpfle
1316
Hochkopf
1308

Käpfenbergweg
Scheibenfelsen
1282
995
Klusenwald
1231
1230
Jägermatt
Caritasheim
Hochkopf

1090
Käpfenberg
FAHL
Akzent Hotel
Lawine
Wiese
quelle
Lörracher
Hütte
20
Menzenschwander
Hütte
Emmendinger Hütte
Klusenwald
Klusenmoräne

hst-
halden
z. Hirschen
317
Grat
1145
Grafenmätt
1377
DSV Nordic aktiv
Zentrum
Ruckenhütte
Im Gesch

Scheibenfelsen
Schläglebachkopf
1314
Leistungszentrum
Herzogenhorn
Feldberg
Menzenschw.
Wasserfall
Albschlucht

ngasthaus Kurz
BRANDENBERG
Silberberg
1358
Silberberg-
hütte
Wolfsgrüble
1323
Glockenführe
Kriegshalde
Am Brand
Rabenfelsen
Zum Kuckuck

f der
ige
Deponie
Läger
Bernauer
Skihütte
(Selbstvers.)
1415
Herzogenhorn
Finsterbühl
1223
Brühl 885

errichenwald
0   500m
Hohfelsen
1253
Zinken
Bernauer
Kreuz
Roßrücken
1237
1293
Milchberg
Spießhorn
Krunkelbach-
hütte
1349
Scheibenlechten-
moos
Kohlhüttenkopf
1162
Hotel Lärcher
Gästehaus

Hinterdor
Kretzenboden

Hüttentour Feldberg

Über den höchsten Schwarzwaldberg

Panoramatour 20

DAUER	5h 15min
LÄNGE	16,8 km
HÖHENMETER	584 hm
SCHWIERIGKEIT	MITTEL
ÜBERNACHTUNG	ja

Das erwartet dich ...

Die bequemen und breiten Wanderwege bei dieser Tour werden immer wieder durch schmälere, teils auch steinige Pfade unterbrochen. So brauchen wir beim Abstieg zur Zastler Hütte, im Sägebachschlagsteig zur Reimartihütte und im Aufstieg vom Feldsee Trittsicherheit. Auf dem höchsten Gipfel des Schwarzwaldes erwartet uns dann ein grandioses Panorama. In dem touristisch hervorragend erschlossenen Gebiet erwarten uns gleich mehrere Einkehrmöglichkeiten.

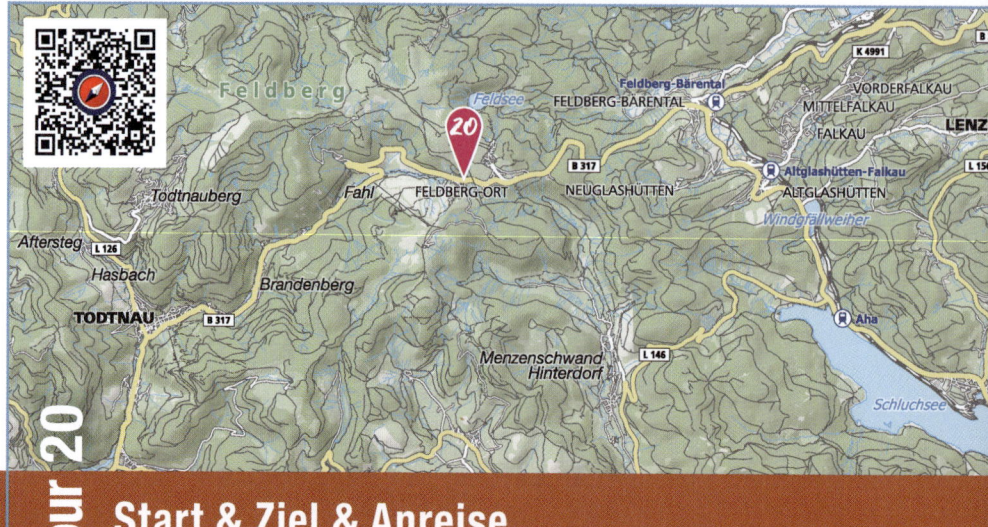

Start & Ziel & Anreise

Ausgangspunkt ist der Parkplatz an der Passhöhe Grafenmatt. Von der Autobahnausfahrt Freiburg-Mitte von der A5 durchquert man Freiburg auf der B31 und gelangt ab Titisee über die B317 auf den Feldberg. Man kann auch über die Autobahnausfahrt Geisingen oder Bad Dürrheim von der A81 fahren. Dann folgt man der B31 und wechselt bei Titisee auf die B317 Richtung Feldberg.

Tourenbeschreibung

Die lange Rundwanderung beginnt am Parkplatz von Grafenmatt an der Passhöhe. Über die Straße hinüber und dann rechts führt unser Weg unter der Skiüberführung hindurch. Ein asphaltiertes Sträßchen bringt uns bergan, an der Feldbergkirche vorbei zum Haus der Natur. Links hinauf geht es zum Einstieg des Feldbergsteiges: Dort erwartet uns ein riesiges Steintor mit Infotafeln. Der Franz-Klarmeyer-Weg bringt uns gemütlich den freien Wiesenhang empor. Über einen gekiesten Weg nehmen wir eine kleine Abkürzung, dann folgen wir dem Sträßchen weiter in Kehren hinauf zum Grüblesattel.

Ein Schwenk nach rechts bringt uns an das Bismarckdenkmal und weiter zum nahen Feldbergturm. Vom Turm hat man einen tollen Ausblick, in seinem Inneren ist seit 2013 das Schinkenmuseum untergebracht. Zurück zum Grüblesattel. Der rechte, gekieste Weg zieht über den Grasbuckel hoch und lässt uns danach das

Asphaltsträßchen überqueren. Kurz vor dem Fernsehturm und Aussichtsrondell treffen wir wieder auf jenes Sträßchen. Am Feldberggipfel dann weist uns die Markierung „Feldbergsteig" den Weg Richtung Reimartihof. Ein steiler, steiniger Pfad führt uns hinab. Vorbei an der Todtnauer Hütte wandern wir am Weidezaun entlang hinunter zur St. Wilhelmer Hütte. Dort halten wir uns rechts, zunächst in flachem Gelände und auf breitem Weg, dann folgen wir einem schmäleren Pfad den Hang entlang bergwärts. Am Wald, oberhalb der Zastler Hütte, folgen wir dem immer felsiger werdenden Steig geradeaus durch den lichten Wald. Die Abzweigung zum Feldberg rechter Hand ignorieren wir. Nach einer Bachquerung an einem Wasserfall bringt uns der Pfad hinab und mündet schließlich in einem Bohlensteg bis zur Zastler Hütte.

Hier folgen wir nun einem Kiesweg leicht hinab. An einer Gabelung, Pos. Freiburger Hütte, schwenken wir nach rechts auf einen breiten, geschotterten Weg und hinauf in den Wald zum Naturfreundehaus. Es liegt in einem Naturschutzgebiet auf 1350 Meter und ist im typischen schwarzwälder Stil erbaut. Das Haus lädt mit Angeboten im Bereich Natur- und Erlebnispädagogik. Die Hütte verfügt über 50 Schlafplätze. Ein breiter Asphaltweg bringt uns weiter zur Baldenweger Hütte. Das asphaltierte Sträßchen führt uns noch ein wenig bergab, bis wir an einer scharfen Kurve einem schmalen Steig nach rechts zum Wald folgen. Ein von Wurzeln übersähter Pfad fällt nach einer markanten Rechtskehre ab. Dann bringt uns ein Steg über einen Bach. Teils auf Holzbohlen geht es über feuchten Waldboden. Im Abstieg überqueren wir nochmals zwei Brücken und erreichen bei der Pos. Abzweigung Sägebachschlagsteig einen breiten Kiesweg. Wir folgen dem breiten Fahrweg nach rechts, bis uns die nächste Gabelung wieder nach rechts führt. Vom breiten Weg weichen wir nach rechts auf den schmäleren Pfad aus, der ein wenig steiler hinab führt. Unten angelangt erblicken wir auch bereits den Reimartihof.

Wir schlendern am Waldrand entlang hinab bis zur Forststraße, an der wir einen kurzen Abstecher nach links zum Reimartihof machen. Dann steuern wir nach links auf den Wald zu, überqueren eine kleine Brücke und folgen einem felsigen Pfad hinauf. Auf und nieder wandern wir am Ufer entlang, passieren dabei einige Infotafeln bis wir die Pos. Feldsee erreichen. Ein steiniger Serpentinenweg steigt zum Waldrand an, schließlich wird der Weg flacher und bringt uns an die Seebruckhütte. Am Haus der Natur geht es vorbei auf dem Hinweg hinunter zum Ausgangspunkt.

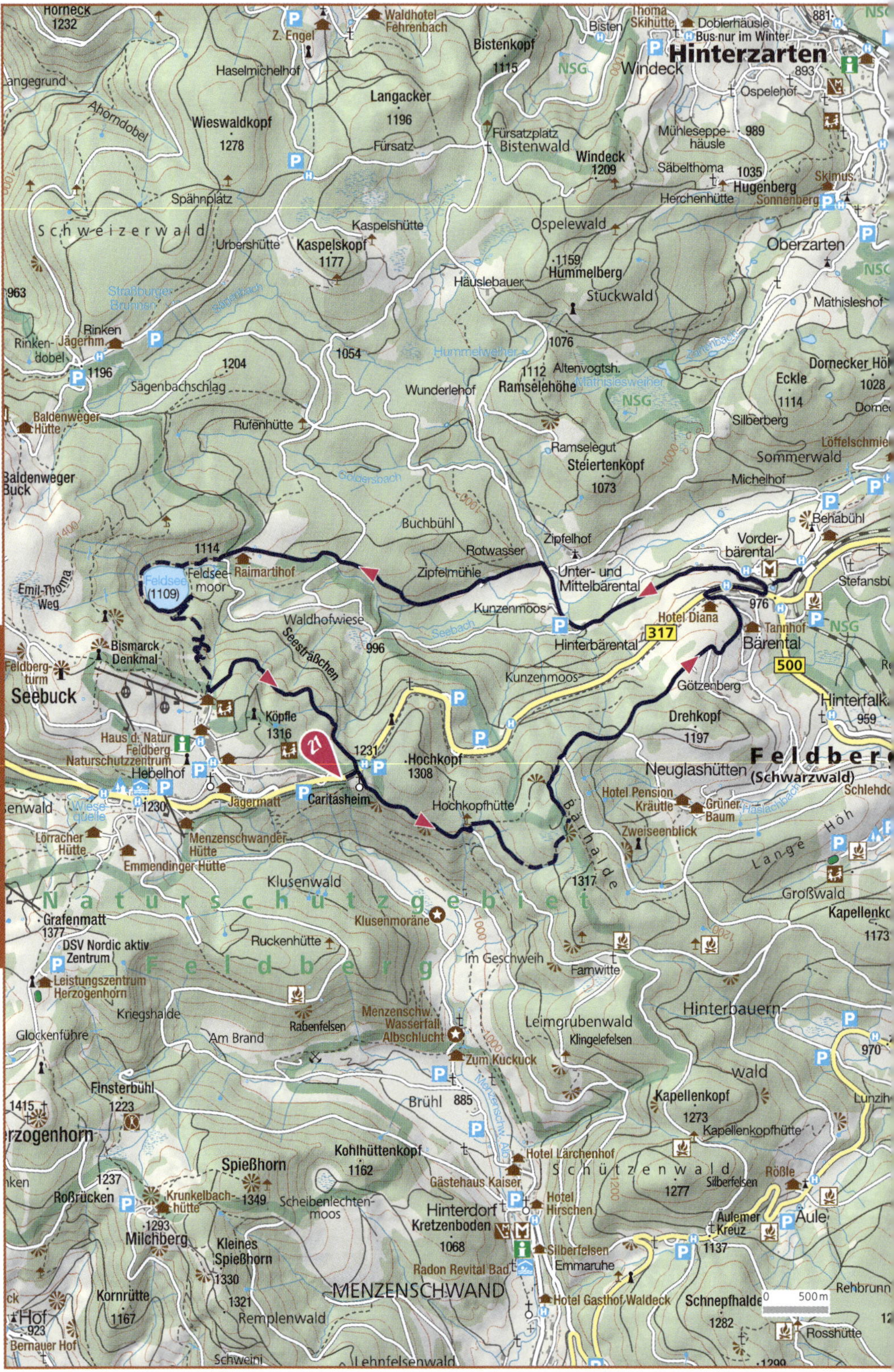
Horneck
1232
Waldhotel Fehrenbach
Z. Engel
Bistenkopf
1115
Thoma Skihütte
Doblerhäusle
Bus nur im Winter
Hinterzarten
Windeck
NSG
Haselmichelhof
Langacker
1196
Ahorndobel
Wieswaldkopf
1278
Fürsatzplatz Bistenwald
Fürsatz
Windeck
1209
Ospelehof
Mühleseppe-häusle
989
Säbelthoma
1035
Hugenberg
Skimus.
Sonnenberg
Herchenhütte
Spähnplatz
Schweizerwald
Urbershütte
Kaspelshütte
Kaspelskopf
1177
Ospelewald
Oberzarten
Häuslebauer
1159
Hummelberg
Stuckwald
Mathisleshof
Straßburger Brunnen
Rinken
Rinken-dobel
Jägerhm.
1196
1204
Sägenbachschlag
1054
Hummelweiher
1076
1112
Altenvogtsh.
Mathisleweiher
Ramselehöhe
Wunderlehof
Eckle
1114
Dornecker Höhe
1028
Silberberg
Baldenweger Hütte
Rufenhütte
Ramselegut
Steiertenkopf
1073
Sommerwald
Baldenweger Buck
Michelhof
Buchbühl
Behabühl
Zipfelhof
Rotwasser
1114
Feldsee
(1109)
Feldsee-moor
Raimartihof
Zipfelmühle
Unter- und Mittelbärental
Vorder-bärental
Emil-Thoma-Weg
Waldhofwiese
Kunzenmoos
976
Hotel Diana
Tannhof
Bärental
317
500
Hinterbärental
Seestråßchen
996
Bismarck Denkmal
Feldberg-turm
Seebuck
Kunzenmoos
Götzenberg
Hinterfalk.
959
Köpfle
1316
Drehkopf
1197
Haus d. Natur Feldberg
Naturschutzzentrum
1231
Hochkopf
1308
Feldberg
(Schwarzwald)
Hebelhof
Caritasheim
Neuglashütten
Jägermatt
Hotel Pension Kräutle
Grüner Baum
Wiese-quelle
1230
Hochkopfhütte
Bärhalde
Zweiseenblick
Lörracher Hütte
Menzenschwander Hütte
Emmendinger Hütte
Klusenwald
1317
Lange Höh
Großwald
Naturschutzgebiet Feldberg
Grafenmatt
1377
Klusenmoräne
Kapellenkopf
1173
DSV Nordic aktiv Zentrum
Ruckenhütte
Leistungszentrum Herzogenhorn
Im Geschweih
Farnwitte
Kriegshalde
Hinterbauern-wald
Rabenfelsen
Menzenschw. Wasserfall Albschlucht
Leimgrubenwald
Klingelefelsen
Glockenführe
Am Brand
Zum Kuckuck
970
Finsterbühl
1223
Brühl
885
Kapellenkopf
1273
Kapellenkopfhütte
1415
Herzogenhorn
Kohlhüttenkopf
1162
Hotel Lärchenhof
Spießhorn
Schützenwald
Rößle
1237
Gästehaus Kaiser
1277
Silberfelsen
Roßrücken
Krunkelbach-hütte
1349
Scheibenlechten-moos
Hotel Hirschen
Äule
1293
Hinterdorf
Kretzenboden
Aulemer Kreuz
Milchberg
Kleines Spießhorn
1068
Silberfelsen
1137
Radon Revital Bad
Emmaruhe
1330
MENZENSCHWAND
Kornrütte
1321
Hotel Gasthof Waldeck
Schnepfhalde
Rehbrunn
Hof
923
1167
Remplenwald
1282
0
500 m
Rosshütte
Bernauer Hof
Schweini
Lehnfelsenwald
1299

Tour 21

21

Seetour

Hüttentour im Bärental
Über den Zweiseenblick zum Feldsee

DAUER	5h
LÄNGE	16 km
HÖHENMETER	569 hm
SCHWIERIGKEIT	MITTEL
ÜBERNACHTUNG	nein

Das erwartet dich ...

Die lange und anspruchsvolle Rundwanderung bewegt sich meist auf breiten Wald- und Forstwegen. Ein paar kurze Passagen führen uns auch auf Nebensträßchen. Die Wege vor dem Reimartihof bewegen sich auf Waldpfaden, hinter dem Feldsee erwartet uns der wurzelige Feldbergsteig. Von der Aussichtsplattform des 45 Meter hohen Feldbergturmes hat man bei gutem Wetter einen atemberaubenden Rundumblick: Vom Eiger, Mönch und Jungfrau bis hin zur Zugspitze, dem Mont Blanc-Massiv und den Vogesen.

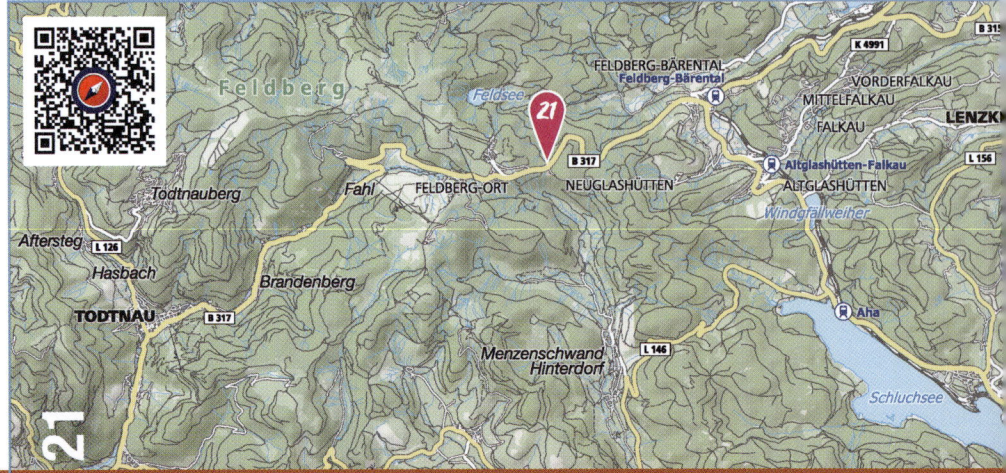

Seetour

Start & Ziel & Anreise

Ausgangspunkt ist der Parkplatz beim Caritashaus am Feldbergpass. Von der Autobahnausfahrt Freiburg-Mitte von der A 5 durchquert man Freiburg auf der B 31 und gelangt ab Titisee über die B 317 auf den Feldberg. Man kann auch über die Autobahnausfahrt Geisingen oder Bad Dürrheim von der A 81 fahren. Dann folgt man der B 31 und wechselt bei Titisee auf die B 317 Richtung Feldberg.

Tourenbeschreibung

Unsere Runde startet am Parkplatz beim Caritashaus, an der Position Feldberg Klusenhang. Die rote Raute führt uns zunächst nach rechts, Richtung Zweiseenblick. Hinter den Gebäuden der Caritas endet der Asphalt. Wir wandern auf einem breiten Forstweg flach durch den Wald dahin, rechter Hand begleiten uns dabei herrliche Blicke ins Tal und bis zu den Schweizer Schneebergen. An der Infotafel über Vergletscherung fällt der Weg leicht ab. In der Rechtskehre verlassen wir den Weg und halten uns links zur Hochkopfhütte. Wir folgen noch immer der roten Raute an der Hütte vorbei in den Wald. Dabei steigt der breite Kiesweg zunächst nur leicht an, bis er schließlich steiler an mehreren Aussichtsstellen vorbeiführt. Der Weg macht dabei eine weite Rechtskehre durch den Wald. Mal verengt sich der Weg, mal ändert sich der Belag von rotem Sand zu felsigen, feuchten Holz-bohlen. Wir überqueren einen Bach und gelangen über einen wurzeligen Pfad zum Zweiseenblick.

Weiter geht es auf einem Sandweg hinab, wir orientieren uns an dem Schild „Bärental". An einer Forststraße schwenken wir nach rechts und laufen auf der roten Raute bei den „Hirschbädern" nach links. Geradeaus hinab geht es an Happ vorbei, allmählich aus dem Wald heraus bis zum Vereinshaus des SC Bärental. Hier folgen wir einem asphaltierten Sträßchen, das bald in einen Kiesweg mündet und uns in einer großen Linkskehre hinab zum Hotel Diana Bärental führt. Rechts haltend laufen wir auf einen Wiesenweg oberhalb der Straße, dem Walter-Wuchner-Steig. Am Haus Sieber geht es nach links durch die Straßenunterführung bis zu einem Teich. Er wird in einer Rechtskehre umrundet, im Anschluss statten wir dem Bahnhof Bärental einen kurzen Besuch ab. Dann kehren wir zum Teich zurück und halten uns rechts via Kunzenmoos, Reimartihof. Über die Straße hinüber folgen wir einem Gehweg hinab. An der folgenden Rechtskehre verlassen wir das Sträßchen nach links und biegen in den Feldseeweg ein. Teilweise auf Asphalt wandern wir hinab zum Parkplatz Kunzenmoos. Hier verzweigen sich Fahrweg und Wanderweg zum Reimartihof.

Auf dem Sträßchen nach rechts geht es bis zur Zipfelsäge, gute 100 Meter später biegen wir scharf links auf einen Kiesweg Richtung Reimartihof ab. An der ehemaligen Zipfelmühle vorbei und am Waldrand entlang wandern wir gemütlich aufwärts. Nach der Rechtskehre halten wir uns links und wandern nach einer Freifläche zusammen mit ein paar Steinmännchen auf einem schmäleren Waldpfad. Der steiler werdende Pfad lässt uns einen Forstweg überqueren und führt dann weiter geradeaus durch den Wald. Am Ende des Waldes erreichen wir dann den Reimartihof. Das gemütliche und einladende Gasthaus mit uriger Schwarzwaldstube bietet neben traditionellen Gerichten auch Übernachtungsmöglichkeiten in seinen zum Haus gehörigen umliegenden Hütten. 2010 feierte der Raimartihof sein 300-jähriges Bestehen.

Der breite, gekieste Fahrweg führt uns am Oskar-Andres-Denkmal vorbei zum Feldsee hinab. Nach rechts gewandt umrunden wir den See auf einem schönen Fußpfad. Schließlich stoßen wir in leichtem Anstieg an der Pos. Feldsee wieder auf die rote Raute. Sie und das Feldbergschild weisen uns den Weg nach rechts. Auf kehrenreichem Steig erreichen wir die Seebruckhütte. Scharf links bringt uns der Ernst-Maurer-Weg erst in einer Rechtskehre am Waldrand entlang. Dann wird er merklich steiler. Nachdem er wieder abgeflacht ist, halten wir uns rechts und steigen angenehm zur Passstraße und unserem Ausgangspunkt hinauf.

Mittelfalkau
Stefansbühl
Falkau
Vorderfalkau
Sommerberg 1025
Mittelberg 889
Strol
22
Wasserwerk
Berger Stierhtt
Hilbertenhof
Bergerhalde
Nordic Walking
Uhren sammlg.
Braxenbühl
Berghäusle
Tatzenmatte
Grüner Baum 939
Möslehof 835
Hochmoor
Geo-Park
Stöckleberg 947
Lenzkirch 808
Trenschel
Hohspirn 1074
Raitenbuch
Wildenhof
Haselberg 877
976
Feldberg (Schwarzwald)
Hart
Raitenbucher Höhe
Kohlplatz 1053
Große Matte
Pflumberg 1101
Geschind
Schlehdorn
Altglash. Falkau
965
Hinterfalkau 959
Reut
Altglashütten 991
Windgfällweiher
Schlehdorns Seehof
Im Gfäll
Stoßfelsen
Cyriakskapelle
Schwende 1037
Pflumwald
959
Kohlwald
Kapellenkopf 1173
Schluchseeblick
Kapf
Reutberg 1085
Zwerisberg
1059
Hirschen
Hinterhäuser
Abendblick
Winterwald 1086
Stiegwald
erbauern-
Breitmoos
1134
Bildstein
1175 Winterwald
Fischbach
Gfällwald
970
Kapellenhof Oberaha
1000
Aha
335
Unteraha
1115
Ahaberg
Stockmatten
Vogelmoos
Alte Handwerkskunst im Vogelhaus
Sommerberg 1101
Glaserhaus
1089
Hütter
Lunzihof
945
Auerhahn
Bahnhof Aha
Dissenhof
Koppenreute
Unterfischbach 1097
Riesenbühl
Dresselbach
Steinw
961
Schluch
1141
Hansele felsen 1105
Stutzhütte
1005
Waldmatt
Rehbrunnen
1227
Rossbhtte
Ahamehle
Heimethus am Scheffelbach
Vierjahreszeiten
Faulenfürster Eck
1056
Lachenhütte
Harztannen
Oberkrummen
Vesperstube Unterkrummenhof
Unterkrummen
Wochner's Hotel Sternen
Mülze
Landhaus Mühle 990
Schluchsee
951
Winterberg 1080
1131
Eschenmoos
1080
Unterkrummenwald 994
Kohlhütte
Kanu u. Stand Up Paddling
aqua fun 105 m-Rutsche
Vorder Wald
1007
Fohrenbühl
Faulenfürst
Oberer Habsberg 1253
Schönmatt
1081
Hasberghütte
Wüstengraben
Jägergut
1022
Hohe Canzel
1068
1263
Krummenkreuzhütte 1148
Unt. Habsberg 1204
Falzberg
Blasiwälder Hof 912
Eisenbrecher Modellbahnzentrum Schluchsee
Seehotel Hubertus
Strandbad Seebrugg
Seebrugg
Tierlache
Eselhütte
962
Habsberg 1111
Kreuzfelsen
Eisenbreche
Staumauer
Tanneneck
Antonishütte
Kuhkopf 1094
Hüttenplatz
Müchenland
1009
Sommerseite
ehem. Gasths. Sonne
Unt. Lochwald
Weidberg 1018
1105
Ganzmann
Wagnerberg
Wagnerhaus
Tiroler Tanne
802
Tuskulum
Florianshütte Breitenstein 1050
1092
Winterseite
Loch
Lochmühle
Oberschwarzhalden
Tafeltanne
Bötzberg 1216
Wittemlehütte
1092
Straß
1037 Oberer Lochwald
Keßlerkopf
Kerchenhof 1082
Rehwinkelhütte
Hochstaufen 1092
Kohlplatz 933
Fritz-Link-Hütte 977
Windberg kopf 1070
Blasiwald
Moosmühle
Althütte
Langenfelsen
1101
Nagierhütte Hirzensprung
Hümc
Obere Ebene
Windberghof
Sandbodenhütte
1126
Schmalzberg
In der Halde
500
Mahlerwald 1064
Buck 1058
Olpism hütte
Schlaghaldenhtt
Werderhöhe
Wasmierstein
Windbergwasserfall
Hohfelsen
Dom-Hotel
Glaserkopf
Gießbacher Kopf 1087
Cafe-Bahnhof
Schönenbach
Waldh
1012
Hebeltannhütte
22
St. Blasien 762
Dom
Rotrutte
Gießbach
Unterschwarzhalden
Staufen
kopf
1037
Hirschb.
Staufen
Klemmeberg
Schwarzacruck
Wenderlau 950
Wanderheim
Ob dem
1:65.000
0   500 m

Unterkrummenhof
Schluchsee, Wälder und malerische Örtchen

DAUER	7h
LÄNGE	25 km
HÖHENMETER	622 hm
SCHWIERIGKEIT	LEICHT
ÜBERNACHTUNG	ja

Seetour 22

Das erwartet dich ...

Ausgedehnte, facettenreiche Wanderung, meist auf breiten Wegen. Im Aufstieg zum Bildstein wird der Pfad schmäler und felsiger. Schwarzwälder Bergpanorama, Schluchten und Wasserfälle, tolle Ausflugslokale, ein Spaziergang um den malerischen Schluchsee und das eindrucksvolle St. Blasien-Kloster machen die Tour unvergesslich.

Start & Ziel & Anreise

Startpunkt ist der Busbahnhof Lenzkirch, gegenüber dem Kurpark. Wir erreichen ihn mit den Bussen 7257 und 7258 aus Titisee-Neustadt. Mit dem Auto fahren wir über die B 15 von Titisee kommend.

Tourenbeschreibung

Wir überqueren die B 315 und folgen der Bühlstraße in einer Kurve bergauf. Mit den letzten Häusern endet der Asphalt und wir steigen über Wiesenwege hinauf zum Waldrand. Nach wenigen Metern treffen wir auf eine asphaltierte Straße, in die wir scharf nach links einbiegen. Bei der nächsten Weggabelung nehmen wir den rechten Abzweig in den Wald hinein. Wir wandern auf dem schönen Pfad weiter nach oben und gelangen zu einem idyllischen Rastplatz mit Bänken und einer Infotafel. Lenzkirch liegt uns zu Füßen und wir genießen die herrliche Aussicht.

Ein paar Meter weiter treffen wir auf die Häuser auf der Lenzkircher Höhe. Unser Weg läuft auf ein Sträßchen zu, in das wir rechts einbiegen, in Richtung Fischbach. An den nächsten Abzweigungen halten wir uns links auf dem Naturpfad, der uns durch den schattigen Wald führt. Der Weg steigt zunächst an, wird dann aber flacher. Wir gelangen zu einem Holzlagerplatz, von dem aus sich viele Wege verzweigen. Weiter geht es geradeaus, dann leicht links. In leichtem Auf und Ab geht es weiter durch den Wald bis zu einem Viehunterstand. Hier biegen wir links ab und wandern zwischen Waldrand und Viehweide entlang, bis wir geradewegs auf die Cyriakuskapelle zusteuern. Hier biegen wir erneut links ab auf das asphaltierte Sträßchen, passieren schöne Schwarzwaldhöfe und Weideflächen. Nach dem letzten Hof macht das Sträßchen eine Linkskurve, in der wir auf den kleineren Kiesweg rechts abzweigen. Auf diesem Waldweg wandern wir nun geradeaus dahin, passieren eine Schutzhütte und halten uns an der Abzweigung, die wir kurz nach der Hütte erreichen, rechts.

In einer weiten, relativ steil abfallenden Linkskurve gelangen wir zum Hotel und Gasthaus Hirschen in Fischbach. Gemütliche Zimmer, eine Familienferienwohnung im schönen Schwarzwaldhof oder wunderbare regionale Küche im schicken Restaurant – wer Erholung sucht, wird hier fündig. Ein paar Meter müssen wir auf der Fahrstraße zurückgehen, nach dem Parkplatz biegen wir links in den Bildsteinweg ab. Wir folgen der gelben Raute in weiten Kurven über den Wiesenhang und hinein in den Wald. Der Kiesweg steigt zunächst an, wird aber noch merklich steiler und schmäler. Im steilen Aufstieg weist uns eine Markierung nach rechts zum Gipfel des Bildsteins.

Den kurzen Abstecher sollten wir uns auf keinen Fall entgehen lassen. Ein paar Minuten steigen wir über einen felsigen Steig und ein paar Stufen hinauf zum Aussichtsgipfel, der uns mit Blicken zum Schluchsee und zum Feldberg belohnt. Nach einer Rast auf der Bank überqueren wir den Gipfelpunkt und steigen immer in Richtung Schluchsee-Aha über viele scharfe Kehren hinab durch den Wald. Wir queren einen etwas breiteren Kiesweg und biegen kurz danach rechts in einen schmäleren Kiesweg ab. Schon bald queren wir die Bahngleise und passieren das Naturcamp Schluchsee.

Wer hier am See übernachten möchte, hat die Qual der Wahl, denn es gibt dafür zahlreiche Möglichkeiten. Wenige Meter nach dem Seglerhof biegen wir rechts in die Bundesstraße ein und folgen ihr bis zur Brücke über die Schwarzach. Wir überqueren den Bach und biegen gleich am anderen Ufer ab in einen schmalen Kiesweg, dem wir um den See herum folgen. Den See zu unserer Linken wandern wir auf dem recht sonnigen Weg bis über eine Brücke, die einen Teil des Sees für die Fischzucht abtrennt. Schöne Blicke über den Schluchsee begleiten uns auf dem ca. 3 km langen Weg am Seeufer entlang bis zur Vesperstube Unterkrummenhof. Diese schöne Ausflüglereinkehr (keine Übernachtung) im typischen Schwarzwald-Stil liegt mitten auf einer weiten Wiese, besticht mit ihrem Biergartenbereich, einem Spielplatz, Tieren und dem traumhaft schönen Seeblick. Ein wahrer Besuchermagnet! Direkt hinter dem Hof setzen wir unsere Tour fort.

Fortsetzung Tour 22

Wir nehmen den Wanderweg ganz rechts, zunächst geht es am Waldrand entlang, doch schon bald steigt der Weg im Wald hinauf. An einer Lichtung mit Holzlagerplatz und einem Bach biegen wir links ab. Wir halten uns geradeaus und folgen dem Waldweg bis zur Krummenkreuzhütte. An dieser Schutzhütte rasten wir und hören dem plätschernden Brunnen zu, bevor wir den Weg leicht abfallend geradeaus fortsetzen. In einer Linkskurve zweigt der Kohlbuchweg ab, wir bleiben aber auf unserem Weg, halten uns weiter links und gelangen schon bald zu den ersten Häusern von Muchenland. Wir genießen schöne Ausblicke ins idyllische Tal, während wir auf dem Asphaltsträßchen zu einem großen Parkplatz gelangen.

Hinter dem Parkplatz biegen wir links ab und folgen dem Kiesweg in den Wald hinein, immer der gelben Raute nach. Wir erreichen die Wittemlehütte, eine Schutzhütte, die auf einer freien Wiese mitten im Wald steht. Nach einer Rast gehen wir ca. 150 m auf dem Weg, den wir gekommen sind, zurück und zweigen nun rechts ab. Ein Stück geht es am Waldrand entlang, dann treffen wir auf das Pfaffenbrünnle. Hier tränkten die Mönche aus St. Blasien ihre Pferde, wenn sie auf dem Weg zu den Schluchsee-Kirchen waren. Bald verlassen wir den Wald und gelangen zu einer großen Weidefläche. In einer weiten Rechtskurve wandern wir hinab und stoßen bei den Häusern von Althütte auf eine breitere Asphaltstraße. Wir halten uns ganz rechts, durchqueren den Weiler und passieren eine kleine Kapelle (Blasiwald-Althütte). Etwa 250 m leichter Anstieg sind es vom letzten Haus bis wir links abbiegen und dem Weg in den Wald hinein folgen. Wir passieren einen Wanderparkplatz mit Bänken und Infotafeln.

Der Schluchtensteig führt uns nun erst sanft, dann steiler abfallend durch den Wald. Wir überqueren einen Bachlauf und folgen ihm bergab bis zur winzigen Windberghütte. Nach einer weiteren Brücke biegen wir links ab und folgen dem kiesigen Pfad zu einem Wasserfall. Wir folgen weiterhin den Markierungen, die uns links in einen Waldpfad abbiegen lassen. Dieser Pfad führt uns hinunter in die Schlucht und am Bachlauf entlang. Immer wieder sind Brücken zu überqueren bis wir zu einer Verzweigung gelangen. Wir biegen hier rechts ab, überqueren eine weitere Brücke und folgen den Schildern nach St. Blasien-Mitte. Schon bald sind die ersten Häuser zu sehen und wir biegen rechts ab in die Friedrichsstraße, die uns direkt zur Ortsmitte und zum Dom führt. Wenn wir den Dom passieren und links in die Todtmooser Straße einbiegen, erreichen wir nach 5-10 Minuten den Busbahnhof.

Der Schluchsee im Schwarzwald

Gletscherkessel

Hans Thom

Innerlehen

Schw

Lehen

Obermattenwald

Sengalenhalde

1208

Sägentobel

Kellerle

Schweinle

Blößling
1310

Spitzenberg
1253

Schweinekopf
1257

Präg

Hohe Zinken
1242

Grabenwald

Sägemoos

Stöckerwaldhütte

982

744

Ellbogen
778

Buck

Holder

Neuwirt

Stöckerwald

NSG

1087

Nollenkopf

PRÄG

705

1120

Nollenwald

Kreuzboden

Wildboden

Rotes Kreuz

Röt-Kreuz-Hütte

Oren
1166

Waldfrieden-Naturparkhotel
1025

Wächtene

Weißenbachkopf
1212

Hochkopf
1263

Langewald

Prestenberg

Unterfarnberg
1176

Farnberg
1218

ergrüble
064

23

Wanderheim
Hochkopfhaus

Weißenbachsattel

Rütte

HERRENSCHWAND

Herrenschwander Kopf
1152

Tiefsohlenhütte

Hochseilgarten

Auf der Schanz

Romantisches
Schwarzwaldhotel

Todtmooser
Wasserfall

Hintertodtmoos

Langhalde

Am Hirz

Rüttewal

Großes Moos

Katzenmoos

Weg
911

Strick

Berglewald

Markstein
1168

annäckerle

Lehen

Schwarzwaldgasthof Rößle

Höfle

Wenra

Kupferbühl
1058

1107

Kumlesbühl

983

Kirchberg

974

hist. Bierkeller

Ibacher Kreuz
1061

Beim

Ob
Lindbauer

öchst
11

775

St. Antoni

Besucherbergwerk
Hoffnungsstollen

Mättle

Zellermoos-
hütte

Hörnle

Forsthof

St. Antonihütte

Sigfriedhütte

Herrenkopf
1062

Vordertodtmoos

Heimethus

Todtmoos
820

Lindau

Happach

moosweg

Steinbühl
1148

Zell

Umrank

Umrankhütte

Schwammberg

Hotel am Kurpark

Kurpark

Hochstraße

NSG

1066
enhalde

Hohe Muttlen
1143

Superioratswald

Hofwald

Wehrawald

Reha-Klinik
Wehrawald

971

Mättlewald

Frauenwaldhütte

Altensteiner Kreuz

Altensteiner Eck

hist. Eiskeller

NSG

ietenschwander Kopf
099

Schwärzenbach

Scheuerkopf
1011

Auf dem
Drehersfelsen
769

935

Freiwaldkapelle
Freiwaldhütte

Scheitwald

Beim

Obermatt

968

Wachshütte
Gatter
Wallmauer

Großer Felsen

Gläserberg
1062

Satt

Dietenschwand

Fetzenbach

Rüttekörfle

Glashütte

Großfreiw

Huberhaus

Superiorats-

Brunnmättlemoos

NSG

0   500m

Panoramatour 23

Todtmooser Lebküchlerweg

Panoramatour durch Schluchten und Wälder

DAUER	4h 15 min
LÄNGE	13,8 km
HÖHENMETER	512 hm
SCHWIERIGKEIT	LEICHT
ÜBERNACHTUNG	ja

Das erwartet dich ...

Wald- und Wiesenwege führen uns rund um Todtmoos. Zwischendurch wandern wir auf schmäleren Pfaden, teils über Stege, kleine Brücken und steilere, felsige Passagen. Der Weg ist nach den Lebkuchen benannt, die die Todtmooser über Jahrhunderte als Wegzehrung an die Pilger ausgegeben haben.

L 149
Todtnau - 6 km
Tunau
Unterlehen
Weierle
Oberlehen
K 6305
ch
L 149
23
Fröhnd
K 6303
L 151
L 146
SANKT BLASIEN
B 317
L 150
Ehrsberg
Häppach
L 146
K 6590
K 6302
Todtmoos
K 6591
Ürt
Häg
Ruchenschwand
Rohmatt
K 6526
Wittenschwand
L 146
Zell im Wiesental - 4 km
L 151
Rohrberg

Start & Ziel & Anreise

Wir beginnen die Tour am Hochkopfhaus, auch bekannt unter dem Namen Waldhotel Auerhahn. Von Todtmoos führt uns die L151 zum Ausgangspunkt. Parkmöglichkeiten gibt es am Hochkopfhaus.

Tourenbeschreibung

Vom Hochkopfhaus steigen wir eine breite Forststraße den Berg hinauf. Nach wenigen Metern folgen wir dem Abzweig auf den Panoramaweg, der am Waldrand entlangführt und traumhafte Ausblicke bietet. Nun geht es über Gras leicht bergab und wieder bergauf. Die Landschaft öffnet sich zu einer weiten Fläche, dann heißt es „aufgepasst", denn es ist nur ein schmaler Pfad, der auf der linken Seite steil bergauf zur Almweide führt. Auf Holzbohlen, dann wieder auf einem Pfad steigen wir trockenen Fußes über die Wiese. Wir folgen dem Forstweg in einer Rechtskurve zum Unteren Prestenberg. Wir biegen rechts auf einen zunächst noch breiten Waldweg ab, der sich zum Pfad verjüngt und zum Liebfrauenbrunnen hinabführt. Wir überqueren die Straße, folgen dem Waldweg rechts, biegen nochmals rechts ab und wandern auf dem felsumsäumten, kurvigen Pfad hinab ins Tal.

Nachdem wir den Aussichtspavillon von Rütte passiert haben, sind die Lebküchler-Markierungen unsere Begleiter auf dem wurzeligen und felsigen Abstieg zum Bachtal. Zweimal queren wir den Bach, bevor wir den Wald verlassen. Unser weiterer Weg führt über Wiesen und mündet letztlich in einen breiten Fahrweg. Leicht abwärts führt uns dieser zu den Häusern von Rütte. Wir durchqueren den idyllischen Ort und gelangen über Hügel, Senken und auf den letzten Metern über Stufen zu den Todtmooser Wasserfällen. Auf der anderen Seite der Holzbrücke geht es über Serpentinen und Treppenstufen wieder nach oben. Wir erreichen das Ortsschild Hintertodtmoos und überqueren die Straße. Nun führt uns der Philosophenweg bergauf – zuerst über Asphalt, bald wieder auf einem Pfad. Wald und Wiesen wechseln sich ab. Nach der Josefskapelle schwenken wir nach links und erreichen den Schwarzwaldgasthof Rössle. Am zugehörigen Parkplatz biegen wir ab und steigen durch den kleinen Wald steil hinab zur Freiburger Straße. Dieser folgen wir in den Ort hinein, biegen links in die St.-Blasier-Straße zum Rathaus ab und erneut links in Richtung Schwimmbad. Hinter dem Schwimmbad markiert eine große Infotafel den offiziellen Startpunkt des „Lebküchlerweges".

Der Beiname „Lebküchler", den die Bewohner von Todtmoos bis heute tragen, geht auf die Lebkuchen zurück, die die Frauen in vergangenen Jahrhunderten den Pilgern mit auf den Weg gaben, die sich auf den Weg zur Wallfahrtskirche „Zu unserer lieben Frau von Todtmoos" gemacht hatten. Zunächst führt der Weg am Bach entlang, den wir nach einigen Metern überqueren. Wenige Schritte trennen uns von der Freiburger Straße, die wir überqueren und uns anschließend rechts halten. Wir wandern an einem Bach entlang, der uns in die schmäler werdende Rabenschlucht hineinführt. Wir kreuzen den Bach mehrfach und steigen nach einer Linkskehre steil bergauf. Über Wurzeln und felsige Passagen geht es aus der Schlucht hinaus. Die geschnitzten Tierfiguren, die wir nun am Wegesrand entdecken können, gehören zum „Spürnasenweg", der Kinder im Lesealter die Natur spielerisch näherbringt. Wir nehmen von hier den Weg auf der rechten Seite und erreichen bald einen schönen Rastplatz. Leicht abfallend setzen wir den Weg fort, bis rechts die Abzweigung zur Rudolf-Jordan-Hütte zu sehen ist. Wir folgen dem Weg zur Hütte und genießen dort das Panorama.

Am Antennenmast und am Scheibenfelsen vorbei führt der Weg über eine Lichtung und wieder zurück in den Wald. Bald wechselt der Untergrund zu Asphalt und nach einer großen Linkskurve erreichen wir eine Straße, die wir überqueren. Wir passieren eine Wiese und kreuzen die L 146, bevor wir über weite Kehren bergauf zum Weiler Lehen gelangen. Rechtshaltend durchqueren wir ein kleines Waldstück und wandern über eine Wiese bis hinunter zur Hochkopfstraße. Kurz vor der Straße biegen wir links ab und erklimmen über steinige Pfade den Sattel. Dabei weisen uns die Hochkopfhütte und Skimasten den Weg. Das mächtige steinerne „Tor zum Wehratal" zu unserer Rechten, setzen wir den Weg noch einige Meter fort und sind schon bald zurück am Hochkopfhaus („Waldhotel Auerhahn").

24

Ewattingen
Burg
Mühlefingen
Aselfingen
603
Scheffellinde
Brühl
Schleifebach
Hirschen
BLUMBERG
Winkel 704

Überachen
ACHDORF
681
Dengern
548
Walenhalde 880
Buchberghütte
Buchberg
815

Breberg 765
Haldenäcker
737
Biesenberg
Lange Fohren 718
Rossbühl
Bielwasenhütte
Rohren
Bühl 685
314
593

764
Elmen
Wetterkreuz
783
Attental
735
Kohlgruben
Wanne
693
Eichbühl
Wutachblick

Büchs
Kranz
591
Hohrainhof
BLUMEGG
664
Ruine Blumegg
Wutachviadukt
631
Blahen
Untere Mühle
FÜTZEN
Bahnhof Fützen

LAUSHEIM
Nussbachhütte
Weiler Kehrtunnel
Leh
634
Zollgebäude

Warte
Hagen 702
Kreuzäcker
Büch
Histor. Mühle
Mühle im Weiler
Bann-
Flüh
Stockhalde
Auf Stade
314
Bergerhof
Worberg 681
Eichi

Fohren
689
Lausheimer Feld
Stühlinger Hütte
Zur Wutachschlucht
holz
Lausheim-Blumegg
Breitwang
Wyhlhof
Birchenho
Lachf

711
Klausenhütte
Boli
Hochbühl
GRIMMELSHOFEN
Bahnhof Grimmelshofen
Grüne Wiesen
Waldhof
Schlatterho

Breiten-feld
Am Roten Brunnen
Kreuzäcker
608
Wacht
Hochwald
Talerhofwiesen
Brand

524
Kreuz
WEIZEN
Eisenland
Neubruch
Reichenberger Höfe
Wisstannen
627 Bisem

Buchwald
646 Stühleberg
621
Am Bahnhof
Bahnhof Weizen
Birbistel
Chesselhof
Seewihof
B&B zum Schiff
Beggin

Roßäcker
Kreuz
571
Mittelbuck
Holeneich
Ländli
Mattenhof
Rüetistelmüli
Forenhof
Bürlisberg 621
Burkhal

Waidgang
314
Widen
Bäggenbrunnen
Staufenberg 606
Bachmüli
Rüetisberg
Rüedistel
Gigenbuck 629
Rüedistel

STÜHLINGEN
Krone
454
Bahnhof Neumühle Stühlingen
Uezenstein 542
Oberwiesen
Gipsmuseum
Flüeli
Härdli
Lendenberg 559
480
Post
Hallerberg
Emmerhof
Neuhof
Eschen
Ruine Randenburg

14
Talmüli
Breiten
Geren
Ortsmuseum
Schleitheim
Höhi
Milten
Strickhof
Heerenwis
Babental
618

1:55.000
0   500m

24

Flusstour

Gasthaus Wutachschlucht
Von Stühlingen auf den Blumberg

DAUER	5h 30min
LÄNGE	19 km
HÖHENMETER	650 hm
SCHWIERIGKEIT	LEICHT
ÜBERNACHTUNG	ja

Das erwartet dich ...

Die lange Wanderung führt uns über die erste Etappe des Schluchtensteiges. Dabei geht es im unteren Wutachtal über breite Wanderwege und an den Wutachflühen über schmale, wurzelige und teils ausgesetzte Pfade; sie können bei Nässe recht rutschig werden, bieten aber fantastische Tiefblicke. Der Anstieg zum Buchberg ist ziemlich steil, kann aber umgangen werden. Hier gibt es die Möglichkeit, über die Wutachflühe eine einfache, flussnahe Variante zu wählen. Am Buchberg erwarten uns dann Felder und Weiden.

Flusstour

Start & Ziel & Anreise

Ausgangspunkt ist die Katholische Pfarrkirche in Stühlingen. Parkmöglichkeiten gibt es an der Hauptstraße. Mit dem Auto fahren wir über die A 81 Stuttgart-Bodensee, Ausfahrt Donaueschingen, dann weiter auf der B 27 Richtung Schaffhausen und Waldshut. Oder wir nehmen von der A 5 die Ausfahrt Freiburg Mitte, fahren dann weiter auf der B 31 Richtung Donaueschingen, nach Titisee geht es auf die Abzweigung B 317. Weiter Richtung Feldberg bis zur Abzweigung B 315, dann bleiben wir Richtung Schaffhausen.

Tourenbeschreibung

Wir beginnen unser Abenteuer Schluchtensteig in Stühlingen, nur einen Steinwurf von der Schweizer Grenze entfernt. An der katholischen Stühlingen-Kirche erwartet uns schon das dreifarbige Schluchtensteig-Zeichen. Ein Hinweisschild macht uns darauf aufmerksam, dass die Wutachflühen gute zehn Kilometer lang sind. An der Hauptstraße wenden wir uns nach links und laufen geradeaus weiter. Wir passieren die evangelische Kirche und kurz darauf die Schluchtensteig-Position „Stühlingen-Bahnhofstraße 454 Hm". Dann geht es nochmal gute 15 Minuten geradeaus, bis wir in einem Rechtsschwenk über die Bahngleise geführt werden. Hier bleiben wir rechts und unterqueren die B 314 mittels eines kurzen Tunnels. Dahinter halten wir uns links und wandern den asphaltierten Rad- und Wanderweg hinauf Richtung Welzen. Nach ca. 200 Metern folgen wir einem Pfad nach rechts: Er ist mit dem Schluchtensteig-Symbol versehen und bringt uns hinab, links vor uns sehen wir einen Fußballplatz. Kurz darauf stehen wir am Ufer der Wutach.

Wir folgen dem schmalen Pfad am Ufer entlang bis zu einem umzäunten Fußballplatz, an dem wir auf ein breites, gekiestes Sträßchen treffen. Wir schlendern entlang des Sportplatzes, passieren gleich darauf einen Hundeübungsplatz und erreichen schließlich den schattigen Wald. Einen halben Kilometer später führt uns die Markierung nach rechts, wieder auf einen schmalen Pfad und etwas näher an der Wutach entlang. Nach gut 3,5 Kilometern biegt der Weg nach rechts, über eine asphaltierte Brücke und einen Bach. Linker Hand sehen wir jenseits der Bundesstraße ein auffälliges, buntes Lagerhaus eines Farbenunternehmens. Ein Kiesweg führt uns am Waldrand entlang, alternativ können wir auch eine Ansammlung hoher Bäume neben der Wutach durchwandern.

Nahe des Verwaltungsgebäudes des Farbenunternehmens samt Parkplatzgelände treffen sich die beiden Wege wieder. Unsere Markierung lässt uns links einbiegen, die Wutachflühen sind mit 6 Kilometern ausgeschildert. Erst laufen wir am Parkplatz entlang, dann überqueren wir die Bundesstraße. Vor dem Eingang des Firmengebäudes wartet unser Wanderzeichen auf uns: Wir folgen der Straße nach rechts Richtung Weizen. Dabei haben wir bereits den Museumsbahnhof der Sauschwänzlebahn im Blick. Gegenüber des Bahnhofs leitet uns der Weg links über die Straße, in drei kurzen, steilen Kehren in den Wald hinauf. Allmählich verbreitert sich der Weg und läuft erst flach dahin, dann lässt er uns in mäßigem Anstieg etliche Höhenmeter gewinnen. Schließlich verengt er sich wieder zu einem schmalen, teils wurzeligen Pfad und führt uns rechts schön am Waldrand entlang. Wieder wird er dann breiter; in angenehmem Abstieg gelangen wir in einer Rechtskurve an einen Fahrweg: Die Schluchtensteig-Markierung weist uns hier den Weg hinab. Rasch geht es nun hinunter bis zum Gasthaus Wutachschlucht, der Straße und den Bahngleisen.

Hier bietet sich sowohl die Möglichkeit zur Einkehr wie auch ein Abstecher zur Museumsmühle. Das malerische Gasthaus mit hölzernen Balkongeländern liegt 3 km vom Naturschutzgebiet Wutachschlucht, 2 Gehminuten von einer Bushaltestelle und 5 Gehminuten von der Schwarzwaldgemeinde Boll entfernt. Zudem werden auch Übernachtungsmöglichkeiten angeboten. Die Beimühle wurde im 18. Jahrhundert errichtet. Sie befindet sich unterhalb der Hauptmühle und ist unter den deutschen Mühlen einzigartig. Von sehr hoch entwickelter Mühlenbaukunst in diesem Jahrhundert zeugen die Vielfalt der Funktionen, die Übertragung der Wasserkraft über die einzelnen Stockwerke an die Mahlwerke, die Reiben und Stampfen. Im 13. Jahrhundert errichtet, wurde sie im 15. Jahrhundert vom Kloster St. Blasien erworben. 1856 wurde dann die Beimühle mit Gipspoche und Gipsmahlwerk erweitert. Anfang des 20. Jahrhunderts wurde die Mühle modernisiert, jedoch nur wenig später stillgelegt. 1991 rekonstruierte man dann die technische Einrichtung und sanierte die Mühle.

Fortsetzung Tour 24

Weiter geht es nun beim Gasthaus über die Straße, kurz rechts an ihr entlang und dann links über die Bahngleise. Danach biegen wir sofort wieder scharf links ab, hinunter auf einen schmalen Wiesenpfad, der uns zum Wald führt. Wir passieren den Bahnhof Lausheim-Blumegg. An der Gabelung treffen wir auf eine Infotafel, die uns über die Sauschwänzlebahn aufklärt: Durch Bögen und Kehren wurde die ursprüngliche Strecke der Bahn auf das 2,5-fache künstlich verlängert. Dies bedeutete längere Fahrzeiten und auch höhere Fahrpreise, da diese nach Streckenlänge und nicht nach Ortsentfernung berechnet wurde. So wurde die Sauschwänzlebahn (als Teil der Wutachtalbahn) nicht ausreichend genutzt und geriet in Folge dessen schnell in eine wirtschaftliche Notlage. Seit 1977 verkehrt sie als Museumsbahn zwischen Blumberg und Weizen.

Ein wurzeliger Pfad bringt uns durch den Wald entlang des rechts etwas tiefer dahin fließenden Flusses. An der folgenden Gabelung weisen uns Schilder auf die Ruine Blumegg (links, 800 m) und auf die Wutachflühen (rechts, 200 m) hin. Einige steile und enge Serpentinen begleiten uns zur Wutach hinab; wir überqueren den Fluss über die Fußgängerbrücke, über uns die imposante Eisenbahnbrücke der Sauschwänzlebahn. Die Markierung führt uns nach links hinauf in den Wald. Ein schmaler, ausgesetzter Steig bringt uns an Felsen entlang immer wieder leicht ansteigend zum Aussichtspunkt Wutachflühen. Bis hierher kann man ab der Fußgängerbrücke auch den flachen, direkt an der Wutach entlang führenden Weg nehmen. Am Unteren Flühenweg erreicht man dann auch rechts den Aussichtspunkt Wutachflühen.

Der Weiterweg führt uns nach rechts zum Aussichtspunkt Bühl; der Anstieg zum Buchberg beginnt zunächst über einen breiten Weg bequem zum Waldrand. Dann macht der Weg eine Linkskurve. Wir jedoch folgen der Wegmarkierung nach rechts in den Wald auf einem schmalen, rasch ansteigenden Pfad. Nach der steilen Passage finden wir uns auf einem Kiesweg wieder, dem wir nach links folgen. Wir laufen mit schönen Ausblicken über eine große Wiese, wieder im Wald geht es dann auf dem Kleinen Buchenweg weiter. Nach der Querung einer Forststraße verschmälert sich der Weg, bis wir nach erneuter Überquerung wieder auf einen breiten Forstweg gelangen, der gemütlich zum Buchberg ansteigt. Bald geht es flach durch den dichten Wald. Wir passieren einen Sendemast, der nur wenige Meter rechts neben uns plötzlich im Wald auftaucht. Vor uns sehen wir die Buchberghütte, ein offener Unterstand mit Bänken und Feuerstelle und einer herrlichen Aussicht ins Tal.

Der Wasserlauf bei der Museumsmühle Weiler

Vor der Hütte wenden wir uns nach rechts hinab und schnell sehr steil nach links in schmalen Kehren durch den Wald. Unterhalb der Kehren weist uns die Markierung scharf nach rechts auf einen querenden Pfad – Achtung, die Abzweigung ist leicht zu übersehen. Immer wieder führt er uns nun aus dem Wald hinaus und wird zunehmend steiler. Bei Nässe wird es hier unangenehm rutschig. An der Kiesstraße biegen wir rechts ein und folgen ihr bis zur Asphaltstraße. Links geht es hier hinab, doch schnell folgen wir einem Wiesenpfad nach links. Er macht eine Rechtskurve und bringt uns am Waldrand entlang zu einer weiteren Asphaltstraße. Vor dem Zaun wandern wir dann auf einer Wiese links hinab und treffen nochmals auf eine Straße. Nach links bringt sie uns in einem Rechtsbogen an eine Vorfahrtsstraße. Wir wenden uns nach links hinab Richtung Kirchturm. Wir passieren die Schluchtensteig Position Blumberg-Gänselisl und gelangen an eine Vorfahrtsstraße. Links führt der Schluchtensteig weiter. Wir wenden uns jedoch nach rechts und wandern in die Ortsmitte von Blumberg.

Wurmlingen
665
Oberte Museum
Traube
Schutzhaus Röm. Bad
Kapf
858
Steinbruch
Kesselgrube
Tiergarten
Ruine Wasserburg
Ludwigstal
746
Eichen
Ziegelhüt

TUTTLINGEN
754
645
Eichbühl
Berken

523
Schwäbische Albstr.
Stammen-brunnen
Eila
Ehhalde

TuWass Freizeit u. Thermalbad
B
i
Heimatmus.
Leutenberg
799
Ruine Luginsfeld

Mühlstein
Hirschbrunnen
Köppenland
25
Ruine Honberg
739
Honberg

Dt. Dampflok- u. Modelleisenbahnmuseum
781
Dt. Dampflok- u. Modelleisenbahnmuseum
14
Büchle
W
Gallertalhof

hlberghütte
Kieswerk
hlbergkapelle
Donau
Goggental
Vorstadt
Jennung
Duttental
Duttentalbrunnen
853
i
l
311
Deponie
Spitalwald
Innerer Talhof
Äu
Seltenbächer

Schanze
P
Gäubahn
311
Griestal
Rabental
808
Hochstraße
Lauterbrunnen
Aichhälder Hof
Württemberger Hof
Harreser Talweg

Trakenloch
800
ehem. Rabenhof
Wenigsbronner Hof
Wenigsbr.
Heubit
n
49
Emminge
Heimatmus.

Degenhart
Brunnerhof (Drechslerhof)
Engelberthof (Rabenhof)
Lohhof
862
P
Pestkreuze
Brunnenkapelle
25
Riedhof
843
Witthoh
Berggasthof Windegg-Witthoh
Windegg
P

Gäbenhau
781
Ochsen
Landgasthof Hauser
hnstation
Kreuz
Hattingen
Kechbrunnen
Lehenholzer-hof
Pestkreuze
Buhlenhof
0   500m
er
Rag
Lazerhof
BIESENDORF

25

Berner Alpen Panorama

Berggasthaus Windegg-Witthoh

DAUER	4h 15min
LÄNGE	14,5 km
HÖHENMETER	220 hm
SCHWIERIGKEIT	LEICHT
ÜBERNACHTUNG	ja

Das erwartet dich ...

Die doch recht lange Wanderung führt uns über mäßig steile Steigungen ins Duttental. Dabei wandern wir zumeist auf gut bezeichneten Forstwegen und Wirtschaftssträßchen. Mit dem Witthoh erklimmen wir schließlich einen beliebten Wander- und Aussichtsberg, der noch unverbrauchte Natur beheimatet. Fast genau in der Verlängerung des Bodensees gelegen, beträgt seine höchste Erhebung 862 Meter. An klaren Tagen reicht die Fernsicht von den Bayerischen Alpen bis zum Berner Oberland.

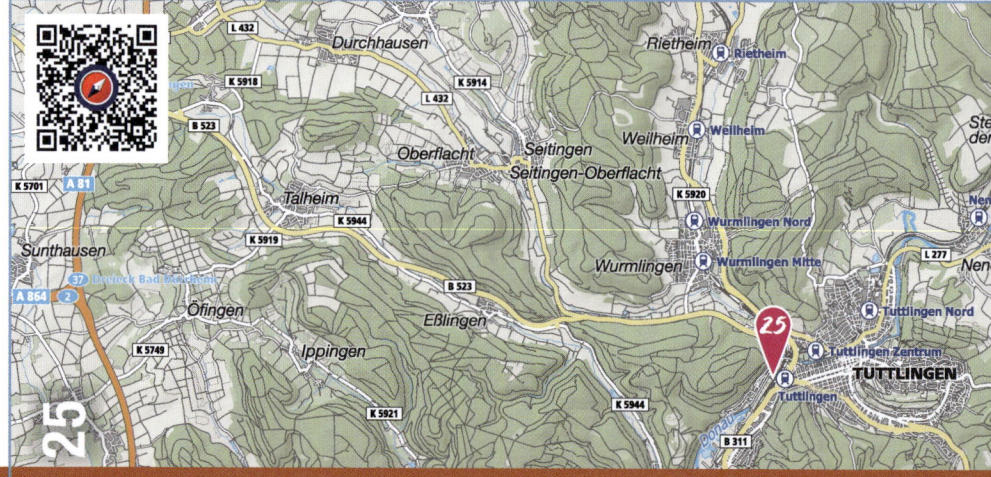

Gipfeltour 25

Start & Ziel & Anreise

Ausgangspunkt der Wanderung ist Tuttlingen, am Bahnhof am Südwestrand der Stadt. Tuttlingen liegt ca. 15 Minuten von der A81 entfernt. Wir verlassen die Autobahn bei der Ausfahrt 36 Richtung Tuningen. Dann folgen wir der B 523 gute 18 km bis zur Oberen Hauptstraße Tuttlingen.

Tourenbeschreibung

Wir starten am südlichen Bahnhof von Tuttlingen und folgen dem Schild zum Donauweg in die Eisenbahnstraße. Nach der Unterquerung der Bundesstraße wandern wir am Flussufer abwärts bis zur holzgedeckten Brücke. Ein schöner Wegweiser macht uns auf den Beginn der Wanderroute durchs Duttental aufmerksam: Das blaue Dreieck weist uns den Weg durch den Stadtgarten, dann den Radweg der Kaiserstraße hinauf. An der Ampel am Ende der Straße biegen wir rechts ab zu einem Siedlungssträßchen Richtung Duttentalquelle. Zunächst laufen wir kurz auf einem Wanderweg bis zum Gasthaus Waldheim. Dann führt uns ein Forstweg weiter durch das wenig ausgeprägte Tal. Kurz hinter dem Duttentalbrünnle laufen wir an einem Unterstand vorbei und schlagen die Richtung nach Windegg ein.

Am Ende des ersten Anstieges halten wir uns rechts: Wir folgen nun der quer-
laufenden Route und erreichen schnell nach dem ersten Wegdreieck einen Unterstand mit einem Grillplatz. Hier treffen wir auf die Hochstraße, eine Wirtschafts-
straße, der wir durch eine sehr große Wiege folgen. Parallel begleitet uns ein
Wanderweg. Hier lief die Alte Poststraße, über die die „Schauberwagen" verkehr-
ten, Tuttlinger Pferdefuhrwerke zwischen Stuttgart und Schaffhausen. Nachdem
wir den Lohof passiert haben, gelangen wir an den „Lachenden Stein". Ein nächs-
ter, kreuzgeschmückter Stein erinnert an den Müllermeister Storz aus Rosenfeld.
Er wurde 1794 an dieser Stelle überfallen, ausgeraubt und erschlagen.

Schließlich stehen wir am Sendemast auf dem Witthoh: An klaren Tagen genießt
man hier eine überragende Aussicht weit über den Bodensee hinweg. Nur kurze
Zeit später treffen wir auf die kleine Aussichtsplattform Windegg. Nur noch ein
paar Minuten, dann erreichen wir den Berggasthof Witthoh, in dem wir eine
schöne Rast einlegen. Er verwöhnt uns mit schwäbischer Küche, gemütlichem
Ambiente und einer herrlichen Sonnenterrasse. Für die kleinen Besucher gibt es
einen großen Spielplatz, auf dem sie sich austoben können. Der Berggasthof bietet auch eine schöne Übernachtungsmöglichkeit. Schließlich treten wir den Rückweg an. Dafür schlagen wir den schönsten Weg ein, den das Duttental zu bieten
hat: zurück auf dem Anfangsweg.

Blick auf die Groß Bruck Tuttlingen

Glashütte
Saustall
Horen
Oberes Eschle
Lerchenbau
Geißtal
Hohenzollernstraße
903
903
Krautgärtle
800
Fronbau
833
Maushalde
Mühlweg
Steighöfe
Wanderhe
Schwenningen
862
Wachtbühl
864
Brestenneck
Heidenschlössle
Hübfels
Setze
Muhlef
Galgenberg
Ziegel-
holz
Birkenwäldle
Eschle
Lindensteig
im Fall
Wass
Beim Kreuzle
90
Stauden-
bühl
857
Neidingen
Donau
Hohenzollernstraße
Schloss Hausen
Korneliusfels
Schauen
Hüttenbrunn
Kappelesch
Glasträgerfels
26
Hausen im Tal
Auchtbühl
Lenzenfelsen
Vogelhütte
Wachtbühl
814
Werenwag
Ruine Wagenburg
801
Lan
Tiergarten
816
Lenzen
Kohlwald
Finstertal
801
Korbfelsen
Donaubahn
St Anna
813
Barlendorfer Bühl
Dickberg
810
hau
orfer-Haus
Himmelreich
794
Hölle
Langenbrunn
Bischofs-
felsen
834
Hauser
Holz
Tal-
hof
Ruine Lengenfeld
Steintor
828
Untereschle
769
rndorf
820
Eichfelsen
Fachfelsen
Hohler
Felsen
Brändle
Kreenheinstet
5
Donau
Donauhaus
(Unterschaf)
Bandfelsen
Lengenfeld
Römerstr
auher Stein
786
Burg,
Wildenstein
849
St Maurus
Altstadtfels
Maurushöhle
Burg-
schenke
Beim
Bäumle
St. Johannsbühl
Paulsfelsen
Buchsteige
Senge
Steigwäldle
Pfaffenbühl
Heinstetter
Höhe
Toter Mann
Petersfelsen
ershöhle
ehem.
Steighof
Landgasthof zur Traube
Leibertingen
ehem. St. Nikolaus
0   500 m
Blankenhalde
869
Tellenen
indloch
Fohren
Bannhöfe
822
Rainergete
76

Panoramatour 26

Ebinger Haus

Über Schloss Hausen nach Werenwag

DAUER	3h 30min
LÄNGE	12,1 km
HÖHENMETER	335 hm
SCHWIERIGKEIT	MITTEL
ÜBERNACHTUNG	ja

Das erwartet dich ...

Diese schöne Rundwanderung führt auf gut begehbaren Wegen und auch Pfaden hinauf zu einer imposanten Festung über dem schluchtartigen Flusstal. Die Schlossruine ist der Rest einer ehemaligen Spornburg oberhalb von Hausen im Donautal. Leider nur von fern erblicken wir dann auch Werenwag. Hinter dem Schloss geht es bequem direkt an der Donau entlang zurück auf dem Donauradweg. Relativ am Anfang streifen wir das Ebinger Haus, eine Selbstversorgerhütte des DAV.

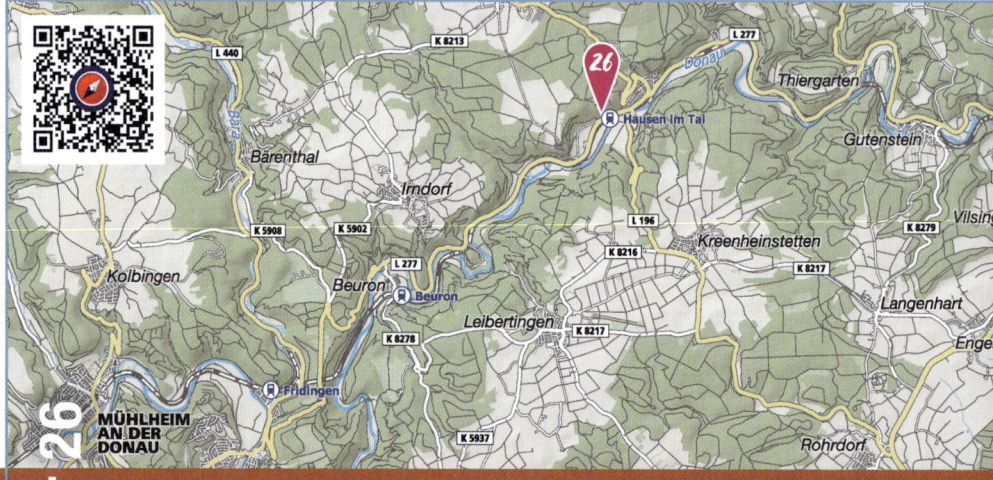

Start & Ziel & Anreise

Hausen im Tal erreichen wir über die B 27 und die B 463 Richtung Sigmaringen/ Albstadt. Kurz vor Ebingen halten wir uns rechts Richtung Meßstetten/Schwenningen bis Hausen im Tal. Parkmöglichkeiten gibt es am Bahnhof. Von Donaueschingen fährt ein Regionalzug Richtung Ulm nach Hausen im Tal.

Tourenbeschreibung

Das Ebinger Haus ist eine Selbstversorgerhütte der Sektion Ebingen des DAV und wird gerne von Kletterern und Radfahrern als Stützpunkt genutzt. Sie ist von Ende März bis Oktober geöffnet und bietet einen geräumigen Aufenthaltsraum mit großem Kachelofen, eine vollausgestattete Küche und einen überdachten Außenbereich. Die Hütte bietet 48 Plätze im Matratzenlager und einen Getränkeverkauf. Zum Entladen kann bis an die Hütte herangefahren werden, danach muss das Auto jedoch wieder umgeparkt werden.

Vom Bahnhof von Hausen im Tal wandern wir zunächst durchs Flusstal ins Dorf, dem Wegweiser „Schloss Hausen" auf der Spur. Ein Fußweg bringt uns hinab zu einem Parallelsträßchen. Dann folgen wir der roten Raute die Schlosssteige hinauf zum Ebinger Haus. Auf der Albhöhe machen wir dann einen kurzen Abstecher links zum Turm der Ruine Schloss Hausen. Nach dem vorspringenden Plateau geht es an Gärten entlang, dann erst über eine Steinbrücke, gefolgt von einer Zugbrücke. Weiter geht es Richtung Werenwag, stetig geradeaus. Der Weg wird allmählich schmäler, bis wir auf einem Pfad wandern. Über die Schwenninger Landstraße noch hinüber, dann steigen wir angenehm hinab zu einem Forstweg. Hier begegnen wir nun der Markierung des roten Dreiecks, der wir von jetzt an bis Werenwag folgen. Am Glasträgerfels erwarten uns fantastische Tiefblicke. Ebenso können wir von hier aus hinüber zum Schloss Werenwag sehen, das uns erhaben auf seinem Felsen thronend entgegenblickt. Über einen bequemen, auf der Höhe verlaufenden Wirtschaftsweg passieren wir dann das historische Gebäude, das man allerdings nicht von Nahem sehen kann.

Direkt hinter dem Bauwerk halten wir uns Richtung Wildenstein über Holzstufen hinab. Schön ist hier der Nahblick vom Echofelsen. Auf dem Schwäbischen-Alb-Südrand-Weg gelangen wir an ein Dammwildgehege. Ein wenig später erreichen wir den Korbfelsen, einen herrlichen Aussichtspunkt. Ein Pfad bringt uns hinab zu einer Schlucht, die wir überqueren. Ein Wanderweg durchs Tal bringt uns schließlich nach Langenbrunn und über die L277. Auf dem bequemen und gut ausgeschilderten Donau-Radweg wandern wir nun gemütlich an der Donau entlang zurück nach Hausen im Tal.

Blick über das Donautal zum Schloss Werenwag

Glashütte

Hone

Saustall

Ried

Stetten
am kalten Markt
802

Nusplingen

Heidenschlo

Hohenzollernstraße

Lerchenbau

Geißtal

Auf dem Berg
(Berghäuser)

Krautgärtle

res Eschle

Fronbau

Nordic-Walking-Park
Nature.Fitness.Park

Höhle

Heidenschlo

Reutetal

833

Mühlweg

Katzenbühl
797

795

Genenberg
768

Ebnet
782

Beilenberg

766

Auf dem Berg
(Harthof)

Waaghalde

Kohls

Steighöfe

Ochsenberg
762

Weiler Tal

Wanderheim
Hübfels

Heidenschlössle

Klärahöhle

Tiergarten
752

Jägerbrunnen

Lindensteig

Im Fall

Mühlefels

Wasserwerk

Hohler Felsen
653

Bröller

Rabenfelsen
591

751

chle

Neidingen

Kornellusfels

Donau

Schaufelsen
Schauenburg

772

Thiergarten
Mittelberg
752

Teufels

chloss Hausen

Hausen im Tal

Auchtbühl
Lenzenfelsen
801

Langenfels

Falkensteinhöhle

Ruine
Falkenstein
747

Naturpark Express

692

Ruine Burgfelden

Ruine Wagenburg

Lenzenplatz

Kohlwald

Neumühle

Lohe
696

GUTENSTEIN

St Anna
813

Barlendorfer Bühl

Dickberg
810

Bettelküche
763

Benzen
675

Hauser
Holz

828

Untereschle

Pfaffensteig
773

Hoherget

Stelle
696

769

Kreenheinstetten

ehem. Reinstetten

Rübental

Stockerhart

Kriesenloch

Eichert

Steinberg
746

Band

St. Johannsbühl

Römerstraße

Heuhotel Brigel-Hof

LANGENHART

Toter Mann

ehem. St. Nikolaus

Schindwasen

703

nstetter

he

B l a u e n h a u

Rainergetenkapf
766

Hackenberg

Talsbe

0   500m

Panoramatour 27

Felsenpanorama Donautal
Von Thiergarten zur Ruine Falkenstein

DAUER	3h 30min
LÄNGE	12,9 km
HÖHENMETER	403 hm
SCHWIERIGKEIT	MITTEL
ÜBERNACHTUNG	ja

Das erwartet dich ...

Die mittellange Rundtour führt uns auf gut begehbaren Wegen die meiste Zeit auch gut markiert durch das Donautal. Ein kurzes Stück müssen wir nach der Neumühle auf der Hauptstraße entlanglaufen. Um die Ruine Falkenstein herum brauchen wir ein wenig Orientierungsvermögen. Dafür erwartet uns mit den Lenzenfelsen ein wunderschöner Aussichtspunkt. An der Burgruine Falkenstein finden wir noch einige Mauerreste und eine Treppe. In der Neumühle am Donau-radwanderweg kann man gemütlich einkehren und auch übernachten.

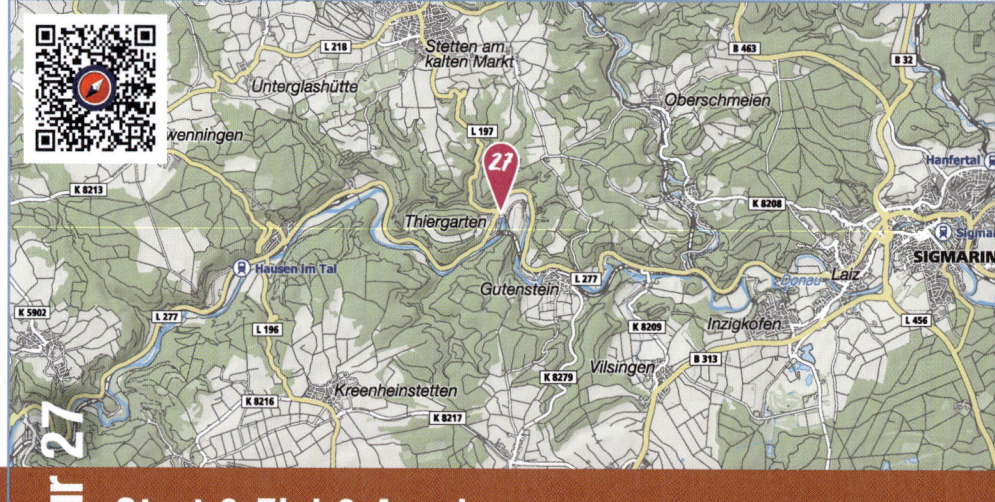

Start & Ziel & Anreise

Ausgangspunkt ist Thiergarten. Kurz vor der Donaubrücke, in der Straße „Zum Hammer" befindet sich rechter Hand ein Parkplatz. Thiergarten erreichen wir mit dem Auto von Norden wie von Süden über die B 313 oder die B 463.

Tourenbeschreibung

Von Thiergarten laufen wir zunächst Richtung Beuron, überqueren schnell die Donaubrücke und wenden uns gleich danach nach rechts. Der Donauradweg führt uns nun eine gute halbe Stunde bequem an der Donau entlang. Dabei wandern wir immer wieder unter Felsen hindurch. Kurz bevor wir die Neumühle erreichen, zweigt linker Hand ein Forstweg ab. In Kurven und Kehren wandern wir nun eine Dreiviertelstunde hinauf, dem roten Y folgend, bis wir auf der Kuppe im Wald den Abzweig zum Lenzenfelsen erreichen. Ein Wegzeichen weist uns über einen Pfad nach rechts zum Aussichtspunkt Lenzefelsen. Er ist wohl einer der schönsten Aussichtspunkte der Schwäbischen Alb. Fast 150 Meter bäumen sich die Schaufelsen jenseits der Donau auf.

Wieder zurück an der Pfadgabelung wenden wir uns nach rechts und laufen erst am Felsabbruch entlang. Dann steigen wir links gewandt hinab, weiter auf dem roten Y. Nach einigen Minuten folgen wir dann der roten Raute auf einem breiten Waldweg hinab ins Donautal. Am Fluss wenden wir uns nach rechts und wandern auf dem Donautalradweg zurück bis zur Neumühle. Die Neumühle blickt auf eine lange, mit Burg Falkenstein verwobene Geschichte zurück; 1717 in Auftrag gegeben wurde die Mühle mit Abbruchmaterial der halb verfallenen Burg Falkenstein erbaut. Heute kann man in den gemütlichen Räumen sehr gut essen und auch nächtigen. An der Mühle überqueren wir die Donau, dann müssen wir nach links ein paar Minuten an der Straße entlanglaufen. Kurz nach den Bahngleisen folgen wir dem roten Dreieck nach rechts.

Abstecher: An der Pfadgabelung links haltend können wir in fünf Minuten einen Abstecher zur Falkensteinhöhle machen. In dieser Höhle, ca. 2 Kilometer von Thiergarten entfernt, fand Eduard Peters 1933 rund 9000 Werkzeuge, Geräte und Schmuck, sowie die Skelettreste eines mehr als 1,70 Meter großen Mannes, Alter ca. 30-40 Jahre, aus der Mittelsteinzeit vor über 5000 Jahren. Rechts haltend führt uns ein Pfad nun ca. 500 Meter durch den Wald zur Ruine Falkenstein bzw. Oberfalkenstein. Die Felsenburg auf dem Talrand oberhalb der Donau entstand wohl zwischen 1516 und 1545 unter Einbezug einer Vorgängerburg.

Von der Ruine aus folgen wir im Weiteren einem bequemen, breiten Weg nach Osten. Er bringt uns in einer Viertelstunde an den Steinbruch Thiergarten. Wir laufen an ihm entlang. Der Weg mündet bald in einen Teerweg. Nach wenigen hundert Metern erreichen wir die L277. Wir überqueren sie und schlendern in wenigen Minuten zurück nach Thiergarten. Der Ort trägt übrigens seinen Namen von einem Wildgehege, das Graf Wilhelm von Zimmern zu Meßkirch 1571 unterhalb seiner Burg Falkenstein anlegen ließ.

Autoren Tipp

Gleich zwei sehr schöne Gotteshäuser gibt es in der näheren Umgebung zu sehen: Direkt in Thiergarten befindet sich die St. Georgs-Basilika, die kleinste dreischiffige Basilika nördlich der Alpen. Sie wurde 1275 erstmals urkundlich erwähnt, um 1000 herum wurde sie erbaut. Nur wenige Kilometer entfernt ist das Kloster St. Martin zu Beuron einen Besuch wert: 1077 als Augustiner Chorherrenstift gegründet, wurde es ab 1863 als Benediktinerkloster wiederbesiedelt. Im mit vielen Kunstwerken ausgestatteten barocken Kloster finden regelmäßig Konzerte statt.

Zimmerwald

· 999 ehem. Burgstall

Untere Säge

Hätzenbol

Bürgle

Obere Säge

Honau

Brühl

Ratshausen 675

Hausen am Tann 745

Withau

Rappenst

Weilen unter den Rinnen 707

Ottilienkapelle

Bühl

Roter Bühl

NS

Stromelsbe

Mühlsteig

Kapf

Ratshausen See

Hessenbü Hessenbe

Rinnenwasen

Tannbühl

Hinter der Lir

Rinnen

NSG

Schlos-Brunnele

Wochenberg 793

858

Heiden- schlössle

Ortenberg

Rainen 1006

Tanneck

Motor- sportgelände

Bühl

Steigbü

28

Bol

Rottweiler Weg

Burgbühl 970

Deilingen 826

Schenkenrain

Tiefer Brunnen

Montschenloch 1004

Holltale

Breithalb

Neubrunnele

Schafbühl

Brühl

Delkhofen

Wachbühl

Hütte am Turm

Wandbühl 1007

971

hohenberg 1011

Weiler

Delkhofer Mühle

Riedertal

Höchberg

Delkhofer Säge

998

Lützelhalb 976

Hau res

Springwäldle

Wunderfichte

Auchten

Wehingen 777

Schlosshalde

ehem. Burg 907

Aischwang 960

Barbi

interhalde

Bürgle

Harras

Kapfle

Gosheim 848

Linsenberg

Klippeneck

Steighaus

Hirschbühl

Tann Bühl

· 943

Reichenbach am Heuberg 747

Kronbühl 988

Eichen

Buchenberg

Au

Kehlen

Solberg

Börnle

988

Heidentor

Annauser

Oberburg

Hau

Nack 940

Mühlen

0   500m

Bären

Bubsheim

Kirchberg

Hummelsberg 1002

Binsberg

Fohlenstein 935

971

28

Gipfeltour

Hütte am Turm
Zu Drei Tausendern

DAUER	4h
LÄNGE	13,8 km
HÖHENMETER	356 hm
SCHWIERIGKEIT	MITTEL
ÜBERNACHTUNG	nein

Das erwartet dich ...

Hier auf der hohen Schwabenalb reicht die verkarstete Hochfläche bis 1000 Meter; auf dieser Wanderung werden wir drei von diesen „Tausendern" besteigen. Dabei laufen wir auf angenehmen Wald- und Feldwegen sowie Straßen, die nicht immer markiert sind. Deswegen ist die eigene Orientierung hier ein wenig gefordert. Die Deilinger Kapelle und die Burgruine Wehingen sind zwei weitere schöne Ziele auf dieser Rundwanderung.

Start & Ziel & Anreise

Von Stuttgart erreichen wir Deilingen am Besten über die A 81. Bei der Ausfahrt 32 Sulz am Neckar fahren wir auf die L 409, die uns schließlich bis zur B 27 bringt. Über sie erreichen wir in zehn Minuten Deilingen. Der Wanderparkplatz befindet sich an der Verbindungsstraße Deilingen–Tanneck, kurz nach Deilingen auf der linken Seite.

Tourenbeschreibung

Vom Wanderparkplatz Deilingen und der Deilinger Kapelle überqueren wir die Straße „An der Steig" und laufen geradeaus. Kurz darauf links gerichtet führt ein schmälerer Weg in nur wenigen Höhenmetern auf den Bol (1002 m). Hier im Landschaftsschutzgebiet gibt es viele Sommerweiden und Wiesen. Ein Steig bringt uns an einen befestigten Weg, dem wir nach rechts folgen, nach wenigen Minuten halten wir uns an der Gabelung links. Wir folgen nun dem gut begehbaren Weg in einer weiteren Linkskurve um den Gipfel des Wandbühl herum. Linkerhand machen wir einen kleinen Abstecher zum 1007 m hohen Gipfel hinauf. Dann wandern wir Richtung Osten weiter bis zur Albrechtshütte.

An der Kreuzung bei der Hütte biegen wir dann rechts ab und laufen durch den Wald Richtung Harras. So folgen wir eine gute halbe Stunde dem Weg, teils am Rande der „Schloßhalde-Mannsteighalde", ebenfalls einem Landschaftsschutzgebiet der Albhöhen, entlang, bis wir die Burgruine Wehingen erreichen. Hier sehen wir jedoch nur noch ein paar Mauerreste. Dann beginnt der Abstieg nach Harras. Über den Schlossbergweg durchwandern wir das Örtchen, „Am Stebbach" biegen wir links ein und folgen dem Weg, der uns allmählich wieder bergan führt. Nach fünf Minuten bringt er uns nach links gewandt über den Stebbach. Dann wandern wir durch den Wald nach Wehingen.

„Am Steigle" bringt uns gleich linker Hand ein Weglein hinab zur Wengenstraße. „Am Landenbach" überqueren wir nach links den Mühlbach, dann nach rechts vor bis zur Deilinger Straße. Wir halten uns links und passieren die Katholische Pfarrkirche St. Ulrich, dann wandern wir über die Wörthstraße und die Schulstraße wieder zurück zur Deilinger Straße. Hinüber, die Groz-Beckert-Straße nach links und am Sportplatz rechts in die Albstraße. Ihr folgen wir jetzt gemeinsam mit dem auf der Seite liegenden roten Y. Nun wandern wir nordwärts stetig ansteigend in den Wald bis wir den Fernmeldeturm erreichen, an dem auch die Hütte am Turm als Einkehr auf uns wartet. Von der Wander-, Ski- und Loipenhütte mit e-Bike Ladestation hat man herrliche Aussichten auf den Oberhohenberg und bis in den Schwarzwald hinein. Wir folgen dem befestigten Weg weiter geradeaus über das Montenschloch (1004 m), unserem dritten Tausender. Schließlich, weiter nach Norden wandernd, treffen wir wieder auf die Straße „Am Steig", die uns nach rechts zum Wanderparkplatz Deilingen zurückbringt. Übernachtungsmöglichkeiten gibt es in den umliegenden Dörfern.

Autoren Tipp

Die Hohe Schwabenalb ist ein Teil der Schwäbischen Alb und ist naturräumlich weitgehend identisch mit dem Großen Heuberg, zieht sich jedoch noch etwas weiter in Richtung Mittlerer Schwäbischen Alb. Die 900 bis 1000 Meter über NN liegende Hochfläche zeichnet sich durch typische Karstformen, wie zum Beispiel Trockentäler, Höhlen, Blockhalden und Dolinen aus.

Lieshöfe

Teilfohren

747 ·

Bann

32

313

Hohenzollern-straße

Eichhalde

HERMENTINGEN

Schellensteigle

Pfaffental

Wasserwerk

Ramstein

Kalktal

Veringer Stöckle

Gereut

Eiche

Büchle

744 ·

Galgenbühl

712

P

Rammelesberg

Bolt

Kugelberg

707

Annakapelle

706

VERINGENSTADT

650

Brunnental

Katzensteig

Wasserwerk

Göpfelsteinhöhle

Heimatmuseum

Kleebuche

Alterhau

Buchhöfe

Häger

757

Nikolaushöhle

P

P

782

Vering

Härlebühl

758

Wolfstal

Härle

Büttnau

32

313

646

Buchhalde

719

Breitenberg

Veringerhütte

Scheimentäle

Beund

812

Eschle

Kachelstein

728

VERINGENDORF

Hohwiesh

Hohwie

Rosswang

29

Emmelberg

Zimmertal

81

Bu

ehemalige Erzgruben

He

Buch

P

Ghaiberg

693

Auchten

799

Stockert

743

Hochberg

Breite

Hohstatt

739

Hohenzollern-straße

Hartle

715

781

Blättringer Tal

Langeneck

Scheinenberg

774

Alb

758

JUNGNAU

Kreuzbühl

896

765

Zwerchkopf

760

Steinbreite

670

Geißental

Rauschberg

Tiefe

708

Banntäle

760

Blauen

Frauenberg

313

Wust

Wolfsta

Fürstenhöhe

712

32

0   500m

Verbrannter Hau

Großholz

Höhlentour 29

Veringer Hütte

Höhlenrunde an der Lauchert

DAUER	3h
LÄNGE	11,5 km
HÖHENMETER	227 hm
SCHWIERIGKEIT	MITTEL
ÜBERNACHTUNG	nein

Das erwartet dich ...

Die Rundwanderung führt uns meist auf breiten Waldwegen und schmalen Straßen durch Wald und über Wiesen und Felder mit angenehmen Steigungen. Spannend wird es bei den Höhlen um Veringendorf, von denen man einige im Sommer betreten kann. Im Winter sind sie zum Schutz überwinternder Tiere vergittert. An der Veringer Hütte kann man eine kleine Pause einlegen, jedoch nicht essen oder übernachten. Mehrere Möglichkeiten zum Übernachten gibt es in Veringendorf.

Start & Ziel & Anreise

Ausgangspunkt ist Veringendorf. Von Stuttgart erreichen wir den Ort über die B 313. Parkmöglichkeiten gibt es an der Kirche St. Michael. Züge fahren stündlich von Sigmaringen nach Veringendorf.

Tourenbeschreibung

Die Kirchgasse bei St. Michael in Veringendorf folgen wir Unterdorf nach links, gleich darauf biegen wir den Breitenauweg nach rechts ab. Der Hochbergstraße folgen wir nach links, sie bringt uns zum Schwanenberg, in den wir rechts einbiegen. Er windet sich hinauf und mündet in einen unbefestigten Wanderweg. Nach ca. 75 m halten wir uns an der Gabelung links und wandern bald am Waldrand entlang, bis wir eine Kreuzung erreichen. An der Kreuzung kurz vor Waldeintritt halten wir uns links, kurz darauf führt uns unser Weg nach rechts in den Wald hinein. An der darauffolgenden Gabelung halten wir uns rechts und treffen auf den Historienweg Veringenstadt. Seine Schautafeln erklären uns anschaulich geologische Besonderheiten des Lauchterttales und informieren über den damaligen Grubenabbau.

An der Veringer Hütte können wir eine kurze Rast einlegen. In der großen Hütte haben ca. 60 Personen Platz. Es gibt 2 Grillstellen innerhalb und sogar eine integrierte Grillstelle in der Hütte. Wir folgen weiter dem breiten, gut befestigten Weg nach links, nun zusammen mit dem Radweg und dem gelben Dreieck. Bald rücken wieder die ersten Häuser und die Burgruine Veringenstadt in unser Blickfeld. Nach Waldaustritt halten wir und noch an der Kreuzung mit Rastbank und Wegkreuz geradeaus, dann biegen wir gut 500 m beim Kreuz links ab und wenige Minuten darauf wandern wir nach rechts, immer geradeaus zum Wald. Kurz nach Waldeintritt halten wir uns links zur Kleebuche. Geradeaus geht es zum Mühlbergblick, der uns eine schöne Aussicht auf den alten Stadtkern, die ehemalige Stadtmauer und die Burg-Ruine mit der Peterskirche gewährt, rechts gelangen wir zur Nikolaushöhle.

Schließlich wandern wir an der Lauchert entlang über die Straße „Bei der Lohmühle" bis zur „Unterstadt". Nach rechts über die untere Lauchtertbrücke, kurz darauf nach links in den „Hagentorweg". Ein Weglein unterquert die B 32 und führt uns über die Bahngleise und an den Kleingärten vorbei. Nach 500 m bringt uns die Bahnbrücke zur Lauchert hinab und am Flusslauf bis nach Veringendorf. Kurz vorher kreuzen wir nochmals die Gleise, die „Büttnaustraße" bringt uns schließlich in den Ort. Wir überqueren nochmals die B 32 und folgen „Oberdorf" und „Unterdorf" bis zur Kirchgasse und der schönen Kirche St. Michael mit Doppelturmanlage und Triumphkreuz aus dem 13. Jahrhundert.

Veringendorf im Laucherttal

HECHINGEN

STETTEN

Walkenmühle

Römerstraße Neckar-Alb

Ghaikopf 623

SCHLA

Hägelhof

Tauchberg 562

Stadthalle MUSEUM

Oldtimermuseum
Hohenzollerisches Landesmuseum
Alte Synagoge

Heimatmuseum

Stellengrundberg 570

Hausterberg 697

Fürstengarten mit Villa Eugenia

Bärfußpfad

Der Brielhof

Hofgut Domäne

Bismarckhöhe 641

BOLL

Ziegelbach

Auf der Acht

Ziegelhütte

Friedrichstal

Eichbühl 639

Junginger Wa

Zimmern

Burg Hohenzollern 855

Zoller

land

NSG

Kapelle Mariazell

Vogelnest

Mönch

Zeller Horn 912

Backofenfelsen 942

Stettener Wald

Bärentäle

Greut

Raichberg 956

Hangender Stein 923

Bremelhart

Zollersteighof

Nägelehaus

Kohlenmeiler

Kohlwinkelfelsen

Heufeld

anheim

Katzensteig

Blasenberg 886

Ritzbühl

Raichberg

Dagersbrunnen

Allenberghöfe

Gockeler 951

Heiligenkopf

Roschberg

Allenberg 900

Adlerbrunnen

Bernloch 956

Geifitze

897

Brunnen

ONSTMETTINGEN

MTB Pumptrack

Akropolis

Traufgang & mehr

Philipp-Matthäus-Hahn-Museum
Haus der 1000 Waagen

Steinmäuerle

mmes Ränkle

Irrenberg

Stich

Heuberg 905

Bergle 886

albcastel

Wacholderheide

929

Wünschberg 914

Heuberghöfe

Stauden

Höfle 896

Zitterhof

Stetthalde 887

Burgberg 975

0   500m

Brechetsteighof

Naturbad Albstadt

Nank

Stiegel

30

Panoramatour 30

Nägelehaus – Zeller Horn

Aussichtsreich ins Albhochland

DAUER	2h
LÄNGE	7,2 km
HÖHENMETER	290 hm
SCHWIERIGKEIT	LEICHT
ÜBERNACHTUNG	ja

Das erwartet dich ...

Die Wanderung ist relativ anstrengend, da auf die kurze Strecke doch einige Höhenmeter bewältigt werden müssen. Unser Ziel, das Zeller Horn, ist ein schmaler Ausläufer der Albhochfläche, der dem Raichberg vorgelagert ist. Das Zeller Horn liegt im Naturschutzgebiet Zellerhornwiese und bietet herrliche Rundumblicke auf die gegenüberliegende Burg Hohenzollern und das Albvorland.

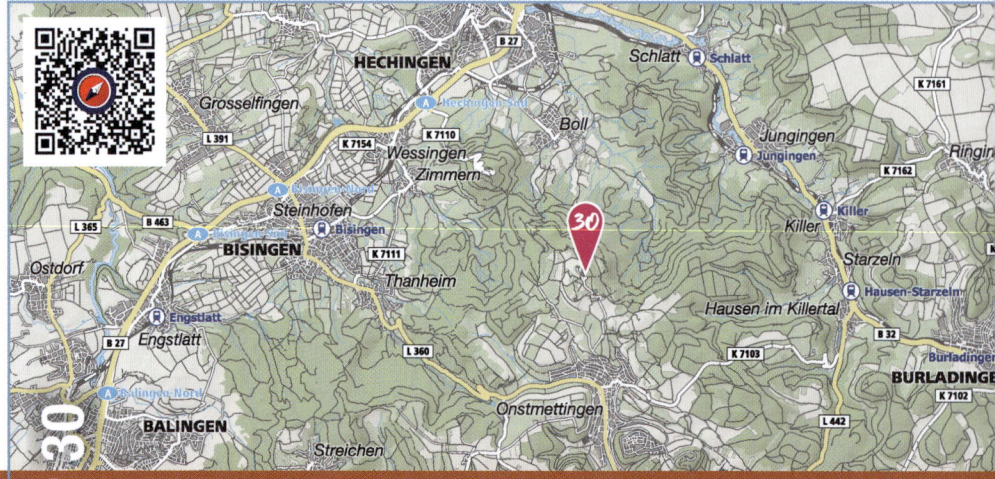

Start & Ziel & Anreise

Das Nägelehaus bei Onstmettingen erreichen wir mit dem Auto über die A 81 Stuttgart – Singen, Ausfahrt Empfingen, dann weiter über Haigerloch und Thanheim, Richtung Albstadt-Onstmettingen zum Raichberg. Direkt am Haus befindet sich ein großer Parkplatz.

Tourenbeschreibung

Wir beginnen unsere Wanderung am Nägelehaus an der Kuppe des Raichberges in unmittelbarer Nähe des Aussichtsturmes. Zunächst folgen wir dem Y nach rechts zum Hangenden Stein. Wir gelangen an einen Bergsturz, der sich als tiefe Felsspalte parallel zum Albtrauf zeigt. Hier kann man gut nachvollziehen, wie sich der ursprüngliche Alb-Nordrand, der vor Millionen von Jahren nahe Stuttgart entstand, sich nach Süden zog.

Bald folgen wir dem roten Dreieck nach links. Der Weg führt an der Talkante durch den lichten Wald hinauf. Wir passieren die Felstrümmer eines ehemaligen Bergsturzes und erreichen ein paar hundert Meter später den Backofenfels, einen sehr schönen Aussichtspunkt. Nun folgen wir dem roten Balken und HW1 in eine Senke hinab bis zu einem Forstweg. Wir folgen ihm nach rechts und gelangen an den Felssporn des Bergrückens Zeller Horn. Von hier aus kann man an klaren Tagen bis in den Schwarzwald sehen; besonders schön erhebt sich jedoch in der näheren Umgebung die Burg Hohenzollern. Der Aussichtspunkt liegt auf den Gemarkungen Hechingen und Albstadt-Onstmettingen. Der Name "Zeller Horn" ist auf die abgegangene Siedlung "Zell" aus dem 15. Jahrhundert zurückzuführen.

Der Weiterweg bringt uns an einer Schutzhütte vorbei und mit dem roten Balken in Kehren hinab über den Nordhang des Zeller Horns. Bei einer kleinen Hütte wandern wir auf dem Forstweg nach links. Rechter Hand lohnt ein kurzer Abstecher zur barocken Wallfahrtskapelle Mariazell. Zurück auf unserem Forstweg erreichen wir eine Kreuzung; hier links halten zur Hexenlinde. Rechter Hand führt der Weg zur Burg Hohenzollern, wir folgen jedoch dem blauen Dreieck auf einem ansteigenden Weg Richtung Zollersteighof. Schließlich führt uns das rote Dreieck nach links auf einem Wirtschaftsweg Richtung Raichberg Sendemast. 300 Meter später halten wir uns rechts zum Waldrand hin und folgen dann einem Wirtschaftsweg nach links. Gleich darauf biegen wir an der Waldecke rechts ab und wandern einen Wiesenweg leicht bergan. Ein paar Minuten später sind wir wieder am Nägelehaus angelangt. Das Nägelehaus ist Höhengasthof und Wanderheim des Schwäbischen Albvereins. Das Haus bietet Unterkunft und Verpflegung, Montag und Dienstag ist Ruhetag.

Das Wanderheim Nägelehaus am Raichberg

Eschental
Briel
ehemalige
Immenhart
680
Burg
Lachen
Dürrheim
465 680
Ziegelhütte
Burgstall
Luckenhöfe
DÄCHINGEN
Riedkapelle
Kohlers Krone
Heerstraße
Modemuseum
GRANHEIM
Turmuhrenmus.
Schöntal
Infozentrum
Ehinger-Alb
Stegbrunnen
ALT-
STEUSSLINGEN
Hochberg
729
Überesch
Rotenberg
702
Ried
Egelhecke
Finstere Steige
640
Blindensteige
Hühnertal
Hochdorf
Altsteußlinger Halde
Eich
Frieden
ehemalige Burg
684
Hochdorf
Hochberg
Wolfsfalle
Mundinger Grund
Lutzenhau
Högghütte
Wildgehege
31
MUNDINGEN
Mühlen
Brühl
719
Landgericht
Rotenbuch
Simmisgrund
649
ehemalige
Gerichtsstätte
612
Ot
KIRCHEN
571
Tiefental
Kaltenbuch
Müllereiche
Suhle
Rübteilhau
Pfaffental
Alte Burg
Lorelfelsen
Mahlstetten
Klotzhofen
Steinbruch
Gelber Fels
Kirchener
Wälle
Alter Hau
Bärenhöhle
Schloßstüble
Mochental
Mochental
Basamshart
Galgenberg
Kasperbe
Laufenmühle
Kalktuffsteinsäge
Kreuzhalde
600
Breite
Schloss Mochental
Birkhau
597
Schöner Fels
(Hauptroute)
Info-Zentrum
Biosphärenreservat
LAUTERACH
516
Reichenstein
Breite
Banbühl
573
Buchtal
MUNDERKINGEN
516
Hochberg
661
Bismarckstein
Kalkofenmuseum
oschäcker
Bettelhöhle
Talheim
Pfaffensteghöhle
Neuburg
Klammerfels
546
Grelletlinde
Bruhlhof
Alfredstal
Donau
Wasserwerk
St. Vinzenzkirche
(Radfahrerkirche)
Lourdesgrotte
Generationenpark
"Garten Eden"
Altstadt
Städt. Museum
Obermarchtal
Museum Marchtal
Kloster Obermarchtal
Klostergasthof Adler
Untermarchtal
523
311
(Hauptroute)
522
Obere Höhe
0 500m

Waldtour 31

Högghütte

Waldeinsamkeit rund um
Schloss Mochental

DAUER	3h 30min
LÄNGE	13,8 km
HÖHENMETER	184 hm
SCHWIERIGKEIT	LEICHT
ÜBERNACHTUNG	nein

Das erwartet dich ...

Uns erwartet eine einsame Rundwanderung über Forst-, Wald und Wanderwege; manchmal auch über Pfade und kleine Sträßchen. Der Weg ist überwiegend markiert und trotz der Länge nicht besonders schwer, da die Steigungen sehr angenehm sind. Mit der Högghütte erwartet uns ein schöner Rastplatz und bei Schloss Mochental gibt es nicht nur die Möglichkeit einer schönen Einkehr.

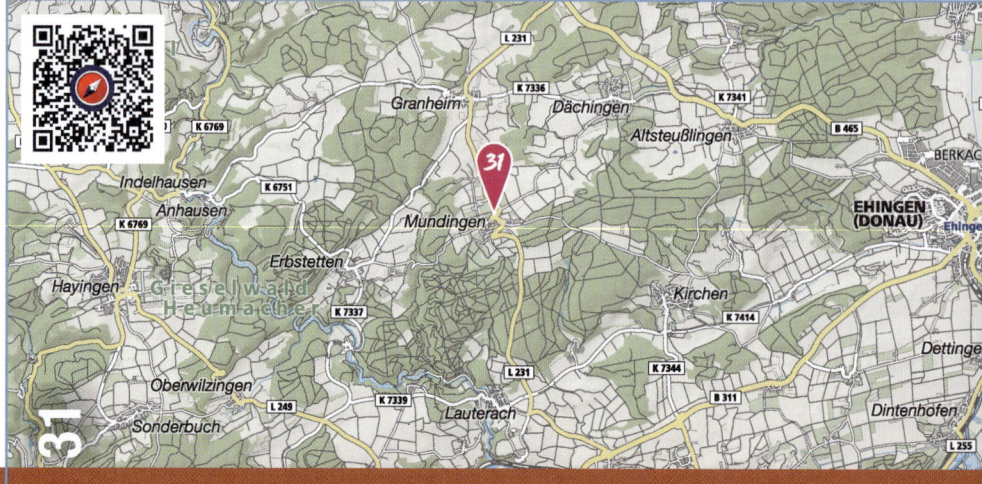

Start & Ziel & Anreise

Ausgangspunkt der Tour ist die Bushaltestelle am Schulhaus in Mundingen bei Ehingen. Parkmöglichkeiten gibt es am Landwirtschaftlichen Museum, an der Straße Richtung Lauterach. Mit dem Auto erreichen wir Mundingen über die B 465, dann über die L 231. Mit dem ÖPNV fährt man zunächst Ehingen mit dem Zug an. Dann weiter mit dem Bus der Linie 319.

Tourenbeschreibung

Nur wenig besucht sind die Wege und Wälder beim Landgericht. Wir laufen am Schulhaus in Mundingen los und richten uns zunächst nach dem roten Balken des HW7. Er führt uns durchs Dorf hinauf und noch vor Ortsende wechseln wir auf einen Wirtschaftsweg. Beim Landwirtschaftlichen Museum führt ein kurzer Pfad bis an einen Forstweg. Nun laufen wir stets geradeaus auf dem Schwäbische-Alb-Ostschwaben-Weg. Flach dahin führt er uns Richtung Altsteußlingen über eine Straße durch den schönen, angenehmen Wald. Wir gelangen an einen Findling: Hier verlassen wir die sogenannte „Lange Linie" und erreichen kurz darauf die Högghütte. An der Forsthütte bietet sich eine kurze Pause an.

Im weiteren Verlauf des Weges begegnen wir der blauen Raute. Sie weist uns nun den Weg über einen Waldweg Richtung Mochental. Kurz wandern wir hinab, dann verlassen wir beim Dorf Kirchen für ein Weilchen den Wald. Uns eröffnen sich herrliche Blicke ins Donautal und zum Bussen. An einem Waldeck beachten wir erneut die Schilder. Beim Steinbruch laufen wir über einen Forstweg hinab nach Schloss Mochental. Immer wieder wird er von einem Pfad begleitet. Hier hat man eine weitere Möglichkeit der Rast. Auch ein Museum ist hier untergebracht, das erste Besenmuseum der Welt. Der Hubertussaal und die mit Fresken geschmückte Nikolauskapelle sind ebenfalls einen Besuch wert und in den Räumlichkeiten des Schlosses werden wechselnde Ausstellungen der klassischen Moderne und Gegenwart gezeigt.

Schließlich machen wir uns wieder auf den Rückweg: Ein Sträßchen führt uns Richtung Mundingen kurz taleinwärts. Dann steigen wir angenehm einen Forstweg hinauf. Doch hier ist Aufmerksamkeit geboten, um die Abzweigung mit der blauen Raute nicht zu übersehen. Wir überqueren die Landstraße von Untermarchtal und laufen ein Stück über einen Waldweg. Auf dem letzten Wegstück mit erneuter toller Aussicht wandern wir zurück nach Mundingen. Möglichkeiten zur Übernachtung gibt es in Lauterach, Ehingen und Kirchen.

Das Kloster Obermarchtal ist nicht weit entfernt

Sießen
845
Spital
·rberg
ehem. Reichenau
Gänsewag
861
Hohloch
824
Staufen
790
Altes Lager
830
Hörnle
·INGEN
Biosphären Zentrum
Hahnen-steig
Schützen
821
32
Sternenberg
BÖTTINGEN
Kohlplatte
822

ehemalige
Ludwigshöhe
Grimmelberg
Turm Seeckt
Oberesch
812
Engelsberg
824

Schottenstein
771
Turm Reinhardt
Enderlesberg
Turm Lene 813
Grauer Stein
Birkhäu·
Kernzone
Biosphären
gebiet
Turm Falkenhausen
Haselstraße
Bustein
849
Schönmehl
800

Betreten von nicht freigegebenen Wegen verboten!
Lebensgefahr!

Apfelstal
Siebenzig
829
Lehle
MAGOLS-HEIM
Rummelt
Vogelhalde
Buch

Duppelestal
Buch
·814
Mühl·
Buchtal
Tobel
Ziglisberg
788

·rberg
Biotop
Maientäle
Grube
Köhl

Höhler Stein
Azental
NSG
780·
Kernzone
Biosphären-
gebiet
NSG
Springen

Haslachberg
787
Buchbusch

Mauerloch
GUNDERSHOFEN
Bränd

Hof
760
Oberheutal
791
Ziegelhof
Heimatmuseum
Mehrstetten
Hirsch im Grünen
763

465
Bahnhof
Mehrstetten
Grauer Stein
Greut
Hagenbühl
760
Tiefer Weg
Heimstetten
Höllgrube
Harde steige
Wanne
SONDERNAC·
Arbental
Heutal

Unterheutal
Oberlauf
NSG
Fohlenhof
Hülbe
Burghalde
NSG
Schadental
Hottäle
Bettal

Schindert·
Lamper·

0   500m

765
·ndstraße
Mühlackerhöfe
Niederweiler
Schwäbische-Alb-Bahn

32

Taltour

Buchtalhütte
Verschwiegener Tälerausflug

DAUER	4h 30min
LÄNGE	16 km
HÖHENMETER	219 hm
SCHWIERIGKEIT	MITTEL
ÜBERNACHTUNG	nein

Das erwartet dich ...

Die lange Rundwanderung führt uns über leichte Steigungen. Im Regelfall sind die schönen Wald- und Forstwege sowie Feld- und Wirtschaftswege, Pfade und auch ein paar verkehrsfreie Sträßchen gut bezeichnet. An einigen wenigen Stellen benötigen wir ein bisschen Orientierungsvermögen. Auf der Runde streifen wir das Naturschutzgebiet Böttental, dessen Vielfalt von der mageren Vegetation der Felsköpfe und Felssteppenheiden bis hin zu Halbtrockenrasen der Heideflächen und Bergbuchenwald reicht.

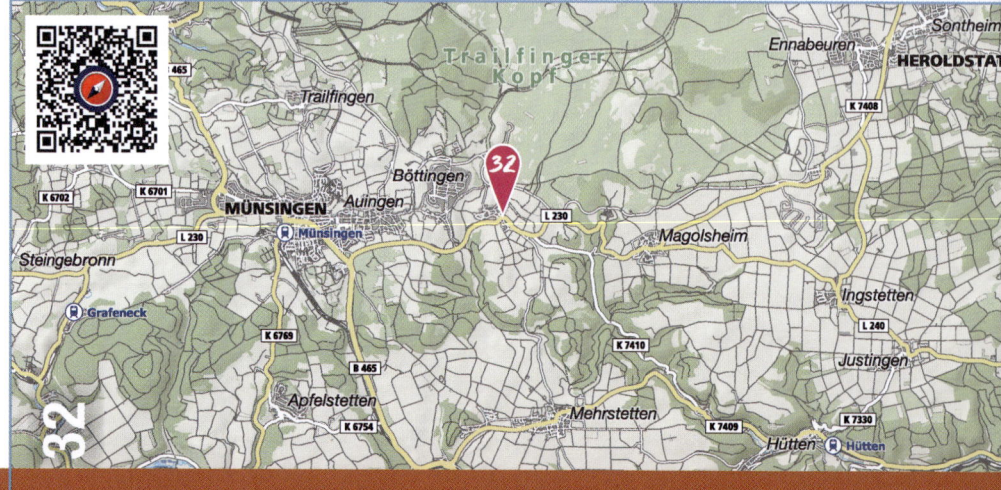

Start & Ziel & Anreise

Ausgangspunkt unserer Wanderung ist Böttingen bei Münsingen an der Bushaltestelle am Rathaus. Hier gibt es auch Parkmöglichkeiten. Von Norden wie von Süden erreichen wir Münsingen über die B 465. Zwischen Bad Urach und Münsingen fährt der Regiobus X2.

Tourenbeschreibung

Die Wanderung beginnt am Rathaus in Böttental bei Münsingen. Über die Lindenstraße laufen wir hinauf, an der Kirche vorbei bis zu einem Wiesenpfad, der spärlich mit dem gelben Dreiblock markiert ist. Er bringt uns auf eine Ackergruppe, zum obersten Windrad. Dann wenden wir uns nach rechts zu einer sanft abfallenden Straße. Schließlich schickt uns unsere Wegmarkierung auf einen Waldweg. Wir überqueren eine geteerte Straße und folgen einem Pfadstück ins Mühltal. Danach kreuzen wir die Kreisstraße, die nach Hütten führt. Ein Waldweg bringt uns im weiteren Verlauf hinauf Richtung Ingstetten. Noch bevor wir Magolsheim erreichen – hier lohnt ein kurzer Abstecher – folgen wir dem gelben Dreiblock über einen geteerten Wirtschaftsweg ins Tal. Wir gelangen an die Einmündung ins Buchtal und kurz darauf über den Forstweg zur einsam gelegenen Buchtalhütte. Die kleine Schutzhütte im Münsinger Wald erwartet uns mit einem schönen Grillplatz. Früher war die Hütte für das alljährliche „Buchtalfest" an Pfingsten bekannt.

Nach einer Rast kehren wir zu unserer Einmündung zurück und wandern geradewegs nun stets leicht bergab in das schmale Tal hinab. Im Mühltal queren wir ein weiteres Mal eine Straße, dann folgen wir in der Kurve einem gemütlichen und gut zu laufenden Waldweg. Er bringt uns unter einem ehemaligen Sprungschanzenhang vorbei und in das Böttental aufwärts. Das wunderschöne Naturschutzgebiet Böttental ist Heimat von über 260 verschiedenen Pflanzenarten. Auch der Neuntöter hat hier sein Zuhause. Am Anfang des Teerweges erblicken wir ein winziges Höhlenmaul, und auch der Kirchturm von Mehrstetten winkt über die südliche Anhöhe herüber.

Im Anschluss schwenkt unser Wanderzeichen am Fuße der Wacholderheide auf einen schwach erkennbaren Feldweg. Er bringt uns weiter – nun an Wiesen vorbei – ins Tal. Schließlich erreichen wir einen Skilift; hier ist ein wenig Aufmerksamkeit geboten, denn der Weg wir durch eine undeutliche, flache Grasspur unterbrochen. Ein Weilchen später überqueren wir die Fahrstraße von Böttingen nach Mehrstetten. Nach dem kleinen Waldstück erreichen wir ein verkehrsfreies Sträßchen. Schließlich gelangen wir an die Beschilderung „Böttental-Rundweg" kurz vor dem Klärwerk. Hier wechseln wir auf einen Waldweg. Wenig später zweigt ein Pfad ab, der uns nach Böttingen zurückführt. In Münsingen warten zwei schöne Gasthäuser mit gemütlicher Einkehr und Übernachtungsmöglichkeit.

Der Rastplatz an der Buchtalhütte lädt zum Verweilen ein

REUTLINGEN

Kletterzentrum

Rangenbergle
589

Hof

Franzosenplätze

Gutenberg
703

Gratianus Stiftung
Planetarium
Scheibengipfel

312

Industriemagazin
Kunstmus.

707
Achalm

NSG

NSG

Renk

Stadthalle
Engste Straße der Welt
Naturkundemuseum

Kunstmuseum
Spendhaus
Heimatmuseum

526

Geißberg
651

Waldfreibad

Domino Stiftung

Heimatmuseum

Eningen
unter Achalm
463

Drackenber
754

Georgenberg
602

Abrachmühle

Hakenbühl
491

Talgut Lindenho

Gaisbühl

Eschle

548

Mühlen- und
Trachtenmuseum
Stadtgeschichtliches
Museum
Waschhaus
Klosterkirche

33

Karlshöhe

Schillerlinde

Harret

Mädlesfels
774

Neske
Bibliothek

Jungviehweide

Harret
659

Übersbe
Hofg
/Übersbe

PFULLINGEN
426

Villa Louis
Laiblin

Waldcafé

520

Urselberg

Klappers

470

Schwäbische Dichterstraße

312

313

Kugelberg
595

Elisenh

Ursehochberg

Weiherhof
Grundhof

Ahlsberg

Wanne
699

Schönberg

793

Emsthaus

Imenberg
661

Zellertal

NSG

748

Scheibenbergle

702

762
Sättele

Lippentaler Hochberg
791

Ruine
Greifenstein

Kl. Greif

Wackerstein
825

Unterhausen

Bürgholz

Triebfelsen

Rauhbol
738

Auf dem Gielsberg

Lichtenstein

Burgstein

Holzelfi
Her

Ruoffseck

NSG

830
Rössleshart Nebelhöhle

Gießstein
789
Jugendfreizeitheim
Haus Sonnenfels

Biegel

0   500m

Maultaschenwirt

Auchtert Steinbruch

Goldloch

Honau
Breitenstein

769
Rötelstein

707

33

Ernsthütte
Auf dem Pfullinger Sagenweg

DAUER	2h 15min
LÄNGE	6,5 km
HÖHENMETER	247 hm
SCHWIERIGKEIT	LEICHT
ÜBERNACHTUNG	ja

Das erwartet dich ...

Zu Beginn und zum Ende hin wandern wir über asphaltierte Gehwege und kleine Anliegersträßchen. Die übrige Runde hält Wald- und Wiesenwege für uns bereit. Naturnah geht auf dem Abstecher zu Ernsthütte zu: Hier verläuft der Weg auf einem schönen, flachen und schattigen Waldpfad. Unterwegs bestaunen wir tolle, geschnitzte Holzfiguren und an der Ernsthütte erfreuen wir uns an herrlichen Ausblicken.

Start & Ziel & Anreise

Unseren Ausgansort Pfullingen erreichen wir von Norden wie von Süden über die B 313. Startpunkt ist die Infotafel in der Schulstraße. Parkmöglichkeiten gibt es in der Schulstraße oder der Achalmstraße. Unter der Woche fährt einmal stündlich der Bus X3 von Reutlingen Tannenbergstraße zum Laiblingsplatz nach Pfullingen. In Pfullingen gibt es diverse schöne Übernachtungsmöglichkeiten.

Tourenbeschreibung

Das Remseles-Symbol zeigt einen speziellen Hosenknopf und markiert den kompletten Verlauf des gut 3 km langen Sagenweges, den wir jedoch ein wenig abkürzen. Los geht's in Pfullingen in der Schulstraße; eine große Infotafel zeigt uns die genaue Beschreibung des Sagenweges. Wir folgen dem Elisenweg auf einem separaten Rad- und Gehweg leicht ansteigend. Bald geht er in einen schmalen Kiesweg über, der uns durch eine Busch-Allee bis ans Ortsende bringt. Kurz nach der Straße biegen wir dann an der Schillerlinde scharf nach rechts ein und folgen einem schmalen Teerweg.

Die darauffolgenden Asphaltstraße queren wir und schlendern auf der anderen Seite über einen etwas erhöhten, schmalen Pfad nach rechts gewandt weiter. Bald treffen wir auf eine Gabelung mit einer asphaltierten Straße. Hier biegen wir links ein, doch schon kurz darauf geht es nach rechts in den gekiesten Wolfsgrubenweg. Nur kurze Zeit später verlassen wir den Sagenweg und marschieren weiter geradeaus, nun dem blauen Dreieck hinterher. Ein wenig später gelangen wir an die Lichtung mit der „Urschel", einer geschnitzten, liegenden Frauenfigur. Wir passieren sie und erreichen einen Kiesweg, der uns nach links hinaufführt; an der Wegverzweigung lässt uns unsere Markierung nach rechts abbiegen: Ein schöner, flacher Waldpfad führt uns ab hier zur Ernsthütte. Hier kann man eine schöne Rast einlegen, zudem hat man von dem hölzernen Schutzhüttlein herrliche Ausblicke ins Tal. Die Hütte wurde 1897 erbaut. Es gibt eine Sitzbank sowie eine Infotafel zum Biosphärengebiet Schwäbische Alb.

Nach einer kurzen Rast kehren wir zur Verzweigung zurück und folgen dem Kiesweg nach links hinab, bis wir auf die geschnitzte Holzfigur des schlafenden Grafen treffen. Danach passieren wir noch den „Remselesstein" und die „Nachtfräulein", bis wir schließlich wieder auf die Asphaltstraße stoßen und kurz darauf an das Waldcafé gelangen. Wir laufen nach links hinab über ein Anliegersträßchen nach Pfullingen hinein. In einer scharfen Rechtskehre der Kiessteige statten wir nach links in wenigen Schritten der Bismarckeiche einen kurzen Besuch ab. Dann treffen wir in einer Kurve an eine Gabelung, an der wir scharf links in einen schmalen Weg einbiegen. Stufen bringen uns zur Bergstraße hinunter. Nach rechts gewandt gelangen wir wieder zum Ausgangspunkt zurück. In Pfullingen gibt es mehrere Übernachtungsmöglichkeiten.

Die Nachtfräulein der Urschel leben der Sage nach im Urselberg

BAD URACH

Eichhalde
Maisentalstüble
Ruine Hohenurach
Walter-Stift Urach · Vier Jahreszeiten
Residenzschlossmuseum · Entdeckerwelt
Michelskäppele
Geierbad
Ulmer Eberstetten
678
Eberstetten
755

Tiergarten
Hanner Felsen
Philippstr.
Hochberg
699 Schanze
734
Wassersteinhöhle
Hirschplatz
Herrenrüns
Erlach
779
HENGEN
Grammophonmus.

Hann 742
Eppenzill. Felsen 749
Bickelhausen 775
Kunstmühlefels
Linke Wittlinger
465
732
Mäuerlen 762
Linsen
WITTLINGEN

enhart 792
Römischtal
Schorrenwand
34 760
Spinnerei
Grüner Weg
465
Falte
R. Hohenwittlingen
Schillerhöhle
Kitzenm
751
Hartbu

Wacht
Käpfle 764
739
Upfingen
Haarweg
Schorrenfels
Georgenau
741
SIRCHINGEN
Hockenloch
Kaisereiche
694
Kirchberg

holz
Riedbrunnen
Blasenberg
779
Enge Schlupffels
Hummelsberg 800
Kalkton
Seeburg
Schloss Uhenfe
Burg

Lonsingen
Jdhotel Bauder
Kirchberg 752
689
Plan 799
Magenhart
Agentalbrunnen
Großer Föhrenberg 858
855
Kleiner Föhrenberg
726
Hirschhalde

Gächingen
Auental
Guckenberg
855
NSG
Buchhalde 866
RIETHEIM

Heuberg 748
Tiefental
Mittelberg 771
Jungholz 737
Birkenhof
776
DOTTINGEN
723
Kälberberg 752
Hochb 772
Wochen häuse

Alter Hau 772
Tiefental
Zirelhauser Tal
Platte 743
Deponie
Herrenberg
Schalken

0   500m

Waldtour 34

Rund um Sirchingen

Vom Werkmannhaus zum Sirchinger Wasserfall

DAUER	3h
LÄNGE	10 km
HÖHENMETER	310 hm
SCHWIERIGKEIT	LEICHT
ÜBERNACHTUNG	ja

Das erwartet dich ...

Die kurze und schöne Rundwanderung führt uns auf der ersten Hälfte über schmale Teerwege und verkehrsberuhigte Sträßchen, auf der zweiten Hälfte über Waldwege und -pfade. Dabei durchwandern wir die schönen Wälder um Sirchingen und statten dem bekannten Sirchinger Wasserfall einen Besuch ab. Am Ortsrand geht es dann zurück zur Selbstversorgerhütte Werkmannhaus des Deutschen Alpenvereins.

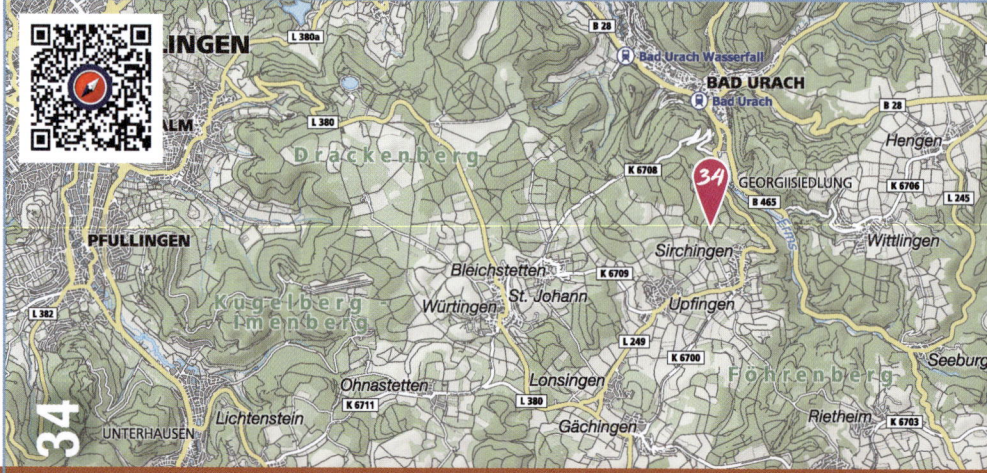

Start & Ziel & Anreise
Ausgangspunkt ist das Werkmannhaus bei Sirchingen. In Bad Urach fahren wir von der B 28/B 465 auf die L 249 Richtung Sirchingen. Am Ortseingang biegen wir vor der Bushaltestelle rechts ins Wohngebiet ab und dann gleich wieder links durchs Wohngebiet den Berg hinauf. Am Ortsende folgen wir dem Fahrweg bis zur Sternkreuzung. Nun scharf rechts und der Straße ca. 350 m bis zum Werkmannhaus folgen.

Tourenbeschreibung

Ausgangspunkt unserer Wanderung ist die hübsch gelegene Alpenvereinshütte Werkmannhaus. Sie liegt idyllisch am Waldrand und besitzt eine einladende große Küche mit urigen Sitzgelegenheiten. Vor dem Haus gibt es eine Grillstelle samt Terrasse. Sie ist ein idealer Stützpunkt für Wander- und Radtouren. Zunächst wandern wir nach Süden Richtung Sirchingen. Bereits nach einer Viertelstunde erreichen wir den Ortsrand, der Heuweg führt uns dann zur Upfinger Straße. Wir wenden uns nach links, dann biegen wir gleich wieder rechts in die Gächinger Straße ein. Nach ca. 300 Metern folgen wir einem Teerweg nach links.

Ihm folgen wir nun zusammen mit dem gelben Dreieck eine gute halbe Stunde. Dann biegen wir an einer Gabelung scharf links ein – das gelbe Y ist nun unsere Wegmarkierung. Nun geht es auf dem Hauptweg stets geradeaus, bald am Bächlein entlang. Gute eineinhalb Kilometer später macht der Weg ein zweites

Mal eine scharfe Linkskurve: Kurz darauf kreuzen wir das Bächlein und gelangen schließlich an den Waldrand. Wir wandern weiter geradeaus an der Erms entlang, dabei passieren wir die Weiher der Ermstalfischerei. Das gelbe Y führt uns nach den Weihern noch eine Viertelstunde geradeaus, immer am Waldrand entlang. Dann wenden wir uns an einer Gabelung nach links und schlagen den Weg Richtung Sirchinger Wasserfall ein. Zehn Minuten später wenden wir uns nochmals nach rechts und stehen kurz darauf am Wasserfall.

In der Waldschlucht tritt er aus dem Kalkgestein des Weißjura Delta hervor. Für den Rückweg laufen wir die paar Schritte zur Gabelung zurück und wenden uns nach links. Der schmale Weg führt uns noch ca. 200 Meter durch den Wald, und schließlich wenden wir uns am Waldrand auf dem breiteren Weg nach links. Einige Minuten später haben wir wieder den Ortsrand von Sirchingen erreicht. Wir folgen der Kanzstraße, dann biegen wir in die Alte Straße rechts ein. Ein paar Minuten den Ortsrand entlang, beim Pfitzentalweg halten wir uns rechts. An Wiese und Feldern vorbei laufen wir bis zur Hauptstraße. Ihr folgen wir nach links, um kurz darauf nach rechts in „Am Hirtenbuckel", einzubiegen. Das Sträßchen bringt uns zurück zur bekannten Kreuzung, an der wir nach rechts die letzten Meter zurück zum Werkmannhaus laufen.

Autoren Tipp

Der Sirchinger Wasserfall ist zwar nicht so spektakulär wie der große Uracher Wasserfall, entstanden sind sie jedoch auf die gleiche Weise. Aus den Kalken des Weißjura Delta tritt das Wasser hervor und wird in einem künstlich angelegten Teich gesammelt, bevor es in eine Rinne aus Kalktuff fließt. An der Kante der Kalktuffterrasse stürzt das Wasser 4 Meter in die Tiefe und fließt dann über eine algen- und moosbewachsenen Kalkbarriere ins Ermstal hinab.

Dettingen a.d. Erms

Schillingskreuz

Kienbein

Kniebrech 729

Deckelesfels

722

Hülbe

EUHAUSEN

Brennscheuer Straße

Wilhelm-Zimmermann-Gedenkstätte

398

Seizenfels

Totensteige

Heimatmuseum

Wachtertal

Dürrloh 714

Schulmuseum

28

Saubrunnen

Calverbühl

509

Rabbrunnen

Buchhalde

Etzenberg 683

Rappen

Erdschliff

Buckleter Kapf

732

721

isenbühl

Kernzone

Sonnenfels 780

590

775

Höllenlöcher

Gönninger-höhle

Bleiche

Biosphären-NSG

28

LEMS

Biosphären-

Roßfels

Galgenberg

Gelber Fels

Erms

Alb Thermen

Nägelesfelsen FeWo Eisele

Grüner Fels 802

Längental

818 800

Hotel Graf Eberhard

Egis

679

Eichhalde

enloch-fels

Schöne Buche 818

NSG

Maisentalstüble

35

Maisental

467

Ruine Hohenurach

Walter Stift Urach

Vier Jahreszeiten

BAD URAC

Wolfsfels

Hohe Warte 818

Gefallenen-Denkmal

Güterstein (Gestütshof)

Runder Berg 711

Residenzschloss-museum

Entdeckerwel

Fohlenhof

Tiergarten

Gestütshof

St. Johann

Eulenbrunnen

734

Leimberg

Hölle

Känzele

Wasserfallhütte

Philippstr

Hanner Felsen

Hann 742

Hoc

Ochsenbühl 791

Heselbuch

Buckenläre 775

Eppenzill-Felsen 749

46

751

Bühl 780

Bickelhausen

775

Spin

Birkhau

Eichenhart 792

Schorrenwand 760

Mutschlenbühl 728

735

Römischtal

771

Wacht

SIRCHINGEN

739

Kohl-wald

Ried 709

Bleichstetten

Heimatstube 779

Käpfle 764

Upfingen

Heerweg

St. Johann

Hirn-berg 725

Harlberg 808

Eichberg

Banholz

Riedbrunnen

Würtingen

Alter 794

Hau

0   500m

Heerstraße 693

Kessel

689

Wasserfalltour 35

Bad Urach

Wasserfälle und eine gemütliche Einkehr bei der Rohrauer Hütte

DAUER	3h
LÄNGE	10,2 km
HÖHENMETER	405 hm
SCHWIERIGKEIT	MITTEL
ÜBERNACHTUNG	ja

Das erwartet dich ...

Diese Rundwanderung zu zwei berühmten Wasserfällen der Schwäbischen Alb ist zwar kurz, hat es aber in sich: Der Wegverlauf ist gut markiert und führt uns über Pfade uns Forstwege; teilweise gibt es sehr steile Anstiege. Besonders der Uracher Wasserfall bietet ein schön anzusehendes Schauspiel, wenn er in feinen Schleiern von der Höhe herab in das moosige Kalktuff sinkt. An der Rohrauer Hütte erwartet uns dann eine gemütliche und wohlverdiente Einkehr.

Start & Ziel & Anreise

Bad Urach erreichen wir mit dem Auto bequem über die A7 oder die A8, dann weiter über die B28 oder B465. Parkmöglichkeiten befinden sich am Bahnhof. Von Reutlingen fährt stündlich die Regionalbahn 63 nach Bad Urach bzw. Bad Urach Wasserfall.

Tourenbeschreibung

Wir starten am Bahnhof Bad Urach Wasserfall in südwestliche Richtung. Nach ein paar Minuten erreichen wir den Brühlbach und folgen ihm auf dem blauen Dreieck durch das Wiesental. Nach einer Viertelstunde geht es dann über einen Forstweg weiter Richtung Kreuzhütte hinauf. An der großen Kreuzung kurz zuvor können wir einen Abstecher zur wenig oberhalb gelegenen Ruine Hohenurach machen. An der Kreuzhütte selbst folgen wir dem Forstweg (dem Oberen Wasserfallweg) auf der Scheitelhöhe eines schmalen Bergrückens zu einem Hangabsatz, gemeinsam mit dem roten Dreieck.

Kurz darauf haben wir den Uracher Wasserfall erreicht, der von der Terrasse aus Kalksinter herabstürzt. Gerade auf dem Weg rund um den Wasserfall ist besondere Achtsamkeit geboten: Das Gestein am Uracher und Gütersteiner Wasserfall ist sogenannter Kalktuff, welcher in einem noch heute aktiven Prozess durch

Kalkausfällung entsteht. Das herabstürzende Wasser gibt Kalk frei, welcher im Zusammenspiel mit Moosen, Blättern und Zweigen sehr zerbrechliche Moos-Kalk-tuffpolster bildet. Diese stellen einen besonderen Lebensraum für teilweise seltene Pflanzen- und Tierarten dar. Diese wertvollen Geotope werden durch das Betreten leicht zerstört. Deshalb gilt im Bereich der beiden Wasserfälle und auch des Brühlbachs: Bitte auf den Wegen bleiben!

An der Wasserfallhütte lässt sich eine gemütliche Pause einlegen. Dann geht es auf Pfaden und mit dem roten Y wieder aufwärts, weiter durch den herrlichen Wald, nach wenigen Minuten halten wir uns an einer Abzweigung links, wieder zurück auf das rote Dreieck und wandern an der Hangkante entlang. Schließlich schickt uns unsere Markierung nach rechts, am Waldmantel entlang. Dabei begleiten uns wunderbare Tiefblicke hinab zum Rutschfelsen. Hier wenden wir uns nun nach links, nach einhundert Metern wieder rechts, am Waschhaus des Rutschenhofes und am Rutschenbrunnen vorbei Richtung Rohrauer Hütte. An der darauffolgenden Gabelung nochmals links und wir haben das Naturfreundehaus Rohrauer Hütte erreicht.

Das Wanderheim auf der Albhochfläche bei St. Johann zwischen Reutlingen und Bad Urach bietet Einkehr und Übernachtung in wunderbarer Umgebung. Mit Gaststube, Gartenterrasse und Grillplatz ist der Ort ein einladendes Ausflugsziel und ein idealer Rastplatz für lange Wanderungen sowie Rad- und Langlauftouren. Für den Weiterweg wenden wir uns an der Rohrauer Hütte nach rechts und folgen bald am Waldrand entlang dem Weg Richtung Fohlenhof. Am Ende des Waldes biegen wir rechts und sofort wieder rechts ab und folgen nun dem roten Y gute 250 Meter. Dann biegen wir auf einen Pfad nach links ab, schlendern am Waldtrauf entlang und halten uns auf Höhe des Fohlenhofes rechts, ins Tal hinab Richtung Gütersteiner Wasserfälle. An der nächsten Gabelung folgen wir dem roten Y dann nach rechts, an der zweiten Gabelung wählen wir den Weg an der Kapelle Güterstein vorbei. So erreichen wir die Oberen Wasserfälle. Über einen Waldweg gelangen wir an den Unteren Wasserfällen entlang zum Gutshof Güterstein. Von hier aus wandern wir auf dem Fahrweg geradewegs zurück zum Bahnhof Bad Urach Wasserfall.

Pfundhardt

Braunfirst
531

HEPSISAU

ehemalige Burg
Lichtenstein

Ruine Erkenberg

Ruine Winde

Lichsenhau

e Hahnenkamm

Erkenberg
743

Neidlinger Fels

Breitenstein

Auchtert
814

Mörikefels

Pferch

Michaelshof

NEIDLINGEN
461

Ziegelho

Ochsenwang

Mörikehaus
Literaturmuseum

802

Landheim
Lichteneck

Kugelmühle

Alte St.

Randecker Maar

Heidenloch
Schafbuckel
801

Burz

Reußensteiner
Hof

Spitziger Fels

723

NSG

Feldkopf
795

oldsburg

Salzmann-
stein

Randeck-
Maarstube

Ruine Reußenstein

803

818

Brucker
Hölzle

Mönch-
berg

Jägerweg

Hindenburgh.
Heimenstein

Neidlinger
Wasserfall

782

elhof

Ziegelhütte

Schopflocher Moor

Torfgrube

Otto-Hoffmeister-
Haus

763

Große Weite

Asch
822

NSG

Kreuzstein

Drittelwald

827

Oberreute

Neidlinger
Tropfsteinhöhle

Bahnhöfle

Naturschutzzentrum
Schopflocher Alb

800

Grauer Stein

Kämmerle
808

Wanderheim

Schlatt

Skihütte

Wolfsschlucht-
höhle
Gußmanns-
höhle

Burg-
äcker

Schopfloch

36

Kreuzstein
812

Hochbuch
810

Burkhardtshöhle

Gutenberger
Höhle

Schindern

reut

Krebsstein

ehem. Burg
Wuelstein
ehem.
Hohengutenberg
ehem.
Kloster Heiligenberg

Reiter-
felsen

Harpprechthaus

861

Kutsch

Römerweg

NSG

Kesselwand
Bergwachthaus
Pfulb

Wachter

866

Beuren

Gutenberg

465

Seeberg

Lauterursprung

720

Kernzone

Schlatterhöhe
785

Schwäb. Dichterst.

Donnstetten

Pfingstberg
710

Stelfelsen

Stuttgarter
Albhaus

Schwabenhütte

Heimatmuseum
Kanzel

Lange Steige

Biosphären

NSG

Fuchslöcher

Hohlöch
855

856

chlattstall

NSG

Mondmilchhöhle

Ruine
Sperberseck

Hasenhäuslesberg

ohweiler

Römerstein

Römerstein-
häuser

0   500m

Albe
812

836

Martere

837

zgrube

Kriegsberg
799

Reiterhof
Schepper

36

Moortour

Harpprechthaus
Zu einer außergewöhnlichen Moorlandschaft

DAUER	3h 45min
LÄNGE	13,6 km
HÖHENMETER	223 hm
SCHWIERIGKEIT	MITTEL
ÜBERNACHTUNG	ja

Das erwartet dich ...

Die schöne Rundwanderung zum Schopflocher Moor führt uns über schöne Forst-, Wald- und Feldwege. Auch manch idyllischer, naturnaher Pfad ist dabei. Nach der Gutenberger Höhle wandern wir ein kurzes Weilchen auf verkehrsberuhigten Straßen. Dabei erwartet uns neben dem herrlichen Schopflocher Moor ein weiteres Highlight: die Gutenberger Höhle. Sie gilt als eine der schönsten Tropfsteinhöhlen der Schwäbischen Alb. Am Ende der Runde kann man im Gasthaus Harpprechthaus gemütlich einkehren.

Start & Ziel & Anreise

Der Ausganspunkt ist der Wanderparkplatz Berg am südöstlichen Ortsrand von Schopfloch. Mit dem Auto fahren wir von Stuttgart auf der A 8 bis Ausfahrt Kirchheim/Teck, dann über die B 465 über Lenningen nach Schopfloch.

Tourenbeschreibung

Wir starten unsere Runde am Wanderparkplatz Berg bei Schopfloch. Zunächst folgen wir der Straße gemeinsam mit der roten Raute Richtung Nordwesten nach Schopfloch hinein. Wir folgen der Vorderen Bergstraße nach links, dann überqueren wir im Ort die Hauptstraße schräg nach links und laufen durch die Raiffaisenstraße in einem Rechtsbogen durch den kleinen Ort. An der K 1246 biegen wir links ein und folgen unserem Zeichen aus dem Ort hinaus, bis die Straße eine Linkskehre macht. Hier machen wir einen kurzen Abstecher links hinab zur Gutenberger Höhle. Die wunderschöne Tropfsteinhöhle ist – wie die nahe gelegene Gußmannshöhle – eine Klufthöhle, allerdings liegt der Übergangsbereich zwischen gebankten Kalken und Massenkalken höher.

Zurück an der Straße überqueren wir sie nun geradeaus, am Wanderparkplatz Gutenberger Höhlen vorbei. Der Waldweg führt uns nun geradeaus, bis wir an der Gabelung am Waldessaum nach einer Viertelstunde rechts gewandt weiter laufen. Wir gelangen so in leichtem Anstieg über die offene Albhochfläche und nach ein paar Minuten treffen wir auf die Wegkreuzung mit dem Kreuzstein. Wir sind am Rande des Schopflocher Moores angelangt. Wir biegen nach links ab und laufen am südlichen Rand des Moores entlang, an Magerrasen vorbei. Nach einer Viertelstunde halten wir uns links, weiter am Moor entlang, dann führt unser Weg nach rechts mitten durch das Moor hindurch auf einem Holzplankenweg. Wir wandern erst durch Streuwiese, dann ein Stück durch den Moorwald hindurch und schließlich, nach der Pegel-Messstelle an der Pfeifengraswiese vorbei. Am Ende des Moores führt uns die rote Raute nach links zum Landgasthof Albengel (Otto-Hoffmeister-Haus).

Nach einer kurzen Rast schlendern wir zum Kreuzstein zurück und biegen nun links ein. Wir folgen der L 1212 nach links, jedoch nur ca. 200 Meter. Dann schickt uns die rote Raute nach rechts. Am Wanderparkplatz Quieckereck vorbei geht es geradewegs in den Wald hinein. Wir wandern gute zweieinhalb Kilometer durch den Drittelwald. Am Ende passieren wir noch den Wanderparkplatz Bahnhöfle und einen Grillplatz, dann wenden wir uns an der K 1430 nach rechts. Zweihundert Meter später geht es links auf einen Asphaltweg, an der Weggabelung nach 500 Metern halten wir uns rechts. Die rote Raute führt uns durch flaches Wiesental an eine Wegkreuzung; hier wenden wir uns nach rechts und wandern hinauf zum Harpprechthaus. Das Alpenvereinshaus der Sektion Schwaben ist eine großzügige Unterkunft, die viel Komfort und Platz für Feste, Feiern und Events bietet. Sie verfügt über 58 Schlafplätze. Die Zimmer sind zum Teil mit Waschbecken ausgestattet. Von hier aus sind es nur noch wenige Minuten zurück zum Wanderparkplatz Berg.

Autoren Tipp

Die Tropfsteinhöhle Gutenberger Höhle kann auch besichtigt werden. Sie weist sechs größere Hallen auf, die durch schmale, hohe Gänge miteinander verbunden sind. Der Reichtum an Tropfsteinen und Sinterformen ist außergewöhnlich, besonders im hinteren Teil der Höhle. Sie hat samstags, sonn- und feiertags geöffnet. Bei durgehend schlechtem Wetter bleiben die Höhlen geschlossen. Weitere Informationen bei der Ortschaftsverwaltung Gutenberg unter 07026-7822.

Heiningen
389

Buch-
wiesen

Ursenwang

stillgelegt

Schemelber

Eschenba
412

Stumpenfeld

Höher Rain

Reusc

Eschenbacher
Hütte

Kuhnbach

Bad Boll
426
407

Dürnau
423

stillgelegt

Glasmuseum
Str. d. Staufer

Gammelshausen
443

Eckwiesen

ehemalige Burg
Lotenberg

Brenntenstich

Fuchs

Kurpark

Badhaus

Landhotel Sonnenhalde
Höhenpark-
Boller Heide
Wilhelmshöhe

Ölmühle
Köpfle
548

Galgenbuckel
546

Rottelstein

Bad Boll
ten-

444

Badhotel
Stauferland

Königshau

723

Sielenwang

Teufelsloch

Buch

NSG

Nortel

Auendo

Kaltenwang
582
Deutsches Haus

Kaltenwanghof

776
Kornberg

Kombergh.

NSG

695

Hagen-
brunnen

Bühl
737

Emmersta

Autenwang
734

Hotel
Talbl

Gererstall

Schanze

Augstberg
761

794
Bößler 738
Flieger-
gedenkstein
Boßlerhaus

668
Wiesenberg

Mähdlesberg
632

Ebnet

801

Wolfbühlhaus

Wolfbühl
771

Raststätte
Gruibingen

767

ehemalige Burg
Leimberg
705

Rufstein

Weilheimer
Skihütte

Hillenwang
748

NSG

Schlagstüble

Unterer
Leimberg

Windeck

Buchhalde

Greut

Leimberg
747

Sickenbühlhütte

Gruibingen
565

8

Klösterle

Sickenbühl
789

E52

Mühlhausen

Burgstall

ehemalige Burg

Kreuzkapelle

Anger
772

Skihütte

Mühlhausen
im Täle
545

Höhenblick

Mordloch

Grund

743

Gosbach

0   500 m

Panoramatour 37

Runde um den Kornberg
Am doppelten Albtrauf

DAUER	2h
LÄNGE	7 km
HÖHENMETER	205 hm
SCHWIERIGKEIT	LEICHT
ÜBERNACHTUNG	nein

Das erwartet dich ...

Die kurze Runde führt uns über Pfade, breite und schmälere Wege rund um den Kornberg zur Kornberghütte. Dabei erwartet uns eine vielschichtige Landschaft mit vielen geschützten Pflanzen- und Tierarten. Der Gipfel liegt auf der Gemarkung Gruibingen und bietet wunderbare Ausblicke auf Gruibingen und die umliegende Landschaft. Die Wege sind nicht durchgehend markiert, ein wenig Orientierungssinn ist von Vorteil. Der Wanderweg sollte nicht nach Regen begangen werden, da er dann sehr rutschig werden kann.

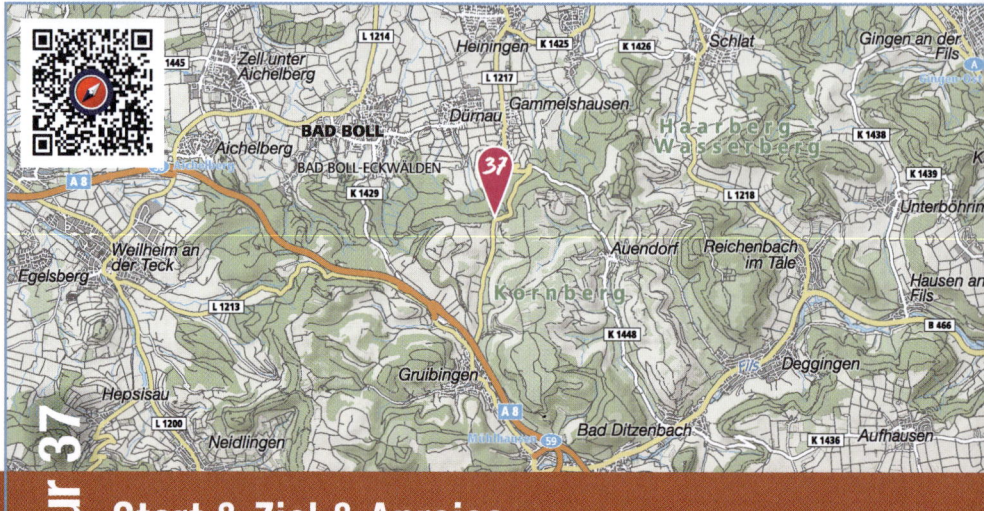

Start & Ziel & Anreise

Ausgangspunkt ist der Wandeparkplatz Kornbergsattel. Er liegt an der L 1217 zwischen Gruibingen und Gammelshausen. Der Parkplatz befindet sich von Gruibingen aus kurz vor der Rechtskurve auf der rechten Seite.

Tourenbeschreibung

Wir beginnen die kleine aber feine Runde am Wanderparkplatz Kornbergsattel. Gleich am Anfang geht es ein paar hundert Meter steil hinauf an den Anfang des Rundwanderweges. Über die Äußere Kornbergsteige gelangen wir nach einer Viertelstunde ab Start an eine Weggabelung: Nun wandern wir stetig an der Traufkante entlang Richtung Bertaburg. Dabei werden wir von beeindruckenden Blicken über das Filstal begleitet. Dann führt uns der Weg nach links durch den lichten, freundlichen Wald hinab Richtung Mähdlesgabel. Unten halten wir uns weiterhin links und laufen nun am Waldrand entlang weiter Richtung Mähdlesgabel. Nach guten eineinhalb Kilometern, ca. 50 Meter bevor der Wald wieder beginnt, biegen wir scharf links ein und steigen nun auf der roten Raute wieder bergan bis wir die Hochfläche erreichen. Weiter geht es hier bis zur letzten Gabelung am Waldrand, an der wir rechts abbiegen, weiter auf der roten Raute.

Nach einer knappen Viertelsunde um den Kornberg herum mit seiner vielseitigen Hecken- und Wiesenstruktur, den typischen Wacholderheiden und herrlichen Blumenwiesen zweigt linker Hand ein schmaler Weg zur Kornberghütte ab. Nach einer verdienten Rast folgen wir dem Weg weiter – er bringt uns zurück zum Anfangsweg, dem wir zum Wanderparkplatz Kornbergsattel zurück folgen.

Der Kornberg wurde mit Verordnung des Regierungspräsidiums Stuttgart vom 15. Juli 2004 zusammen mit seinen südlichen Ausläufern Barn als Naturschutzgebiet Kornberg ausgewiesen. Der knapp 800 Meter hohe Berg am Nordrand der Schwäbischen Alb ist ein beliebtes Ausflugsziel. Die Burg Landsöhr, auch Bertaburg genannt, ist eine abgegangene Spornburg, die vermutlich in keltischer Zeit eine Fliehburg gewesen ist. Die Kornberghütte selbst ist an Wochenenden bewirtschaftet. Übernachten kann man jedoch nur in den umliegenden Orten. Im Herbst 2022 wird die Kornberghütte 100 Jahre alt. Auch die ehemalige Seilbahn nach Dürnau, womit das Abbruchmaterial weitertransportiert wurde, gehört der Vergangenheit an. Heute wird das Gelände als Zeltplatz genutzt.

Der Kornberg ist auch im Winter ein willkommenes Ausflugsziel

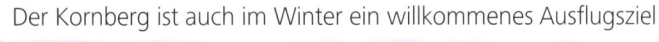

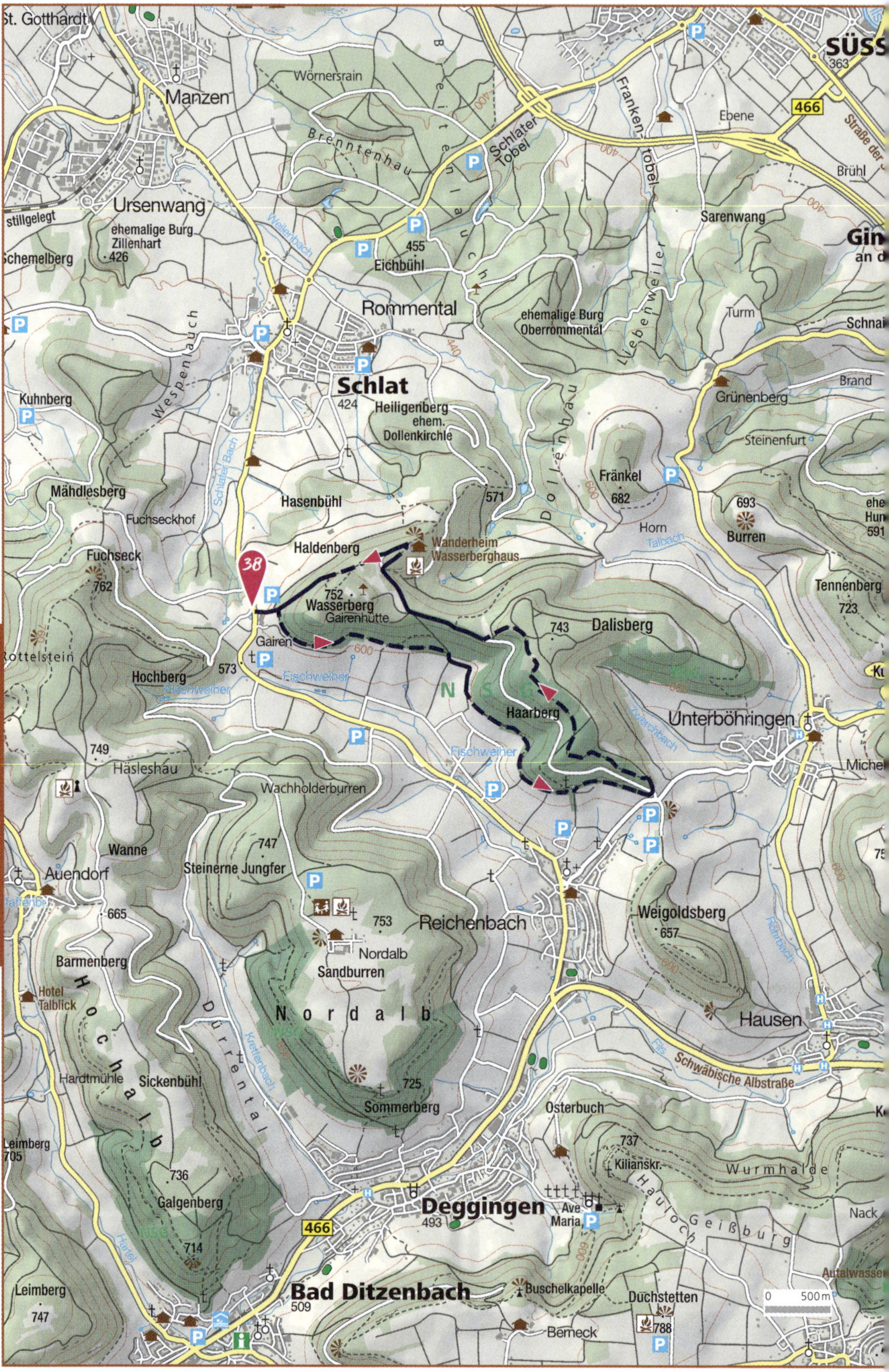
St. Gotthardt
Manzen
Wörnersrain
Brenntenhau
Beitenlauch
Schlater Tobel
Frankentobel
SÜSS
363
466
Ebene
Straße der
Brühl
Ursenwang
stillgelegt
ehemalige Burg Zillenhart
426
Schemelberg
Weilerbach
455
Eichbühl
Sarenwang
Gin
Rommental
ehemalige Burg Oberrommental
Lebenweiler
Turm
Schnai
Wespenlauch
Schlat
424
Heiligenberg
ehem. Dollenkirchle
Grünenberg
Brand
Kuhnberg
Dollenbau
Steinenfurt
Schlater Bach
Mändlesberg
Hasenbühl
571
Fränkel
682
693
Burren
Fuchseckhof
Horn
Talbach
Fuchseck
762
Haldenberg
Wanderheim Wasserberghaus
38
752
Wasserberg
Gairenhütte
743
Dalisberg
Tennenberg
723
Rottelstein
Gairen
573
Hochberg
Fischweiher
N S G
Haarberg
Unterböhringen
749
Häsleshau
Wachholderburren
Fischweiher
Michel
Wanne
747
Steinerne Jungfer
Auendorf
665
753
Reichenbach
Weigoldsberg
657
Nordalb
Barmenberg
Sandburren
Hotel Talblick
Hochalb
Dürrental
Nordalb
Hausen
Hardtmühle
Sickenbühl
Krettenbach
725
Sommerberg
Schwäbische Albstraße
Fils
Leimberg
705
Osterbuch
737
Kilianskr.
Wurmhalde
736
Galgenberg
Deggingen
493
Ave Maria
Hauloch
Geißburg
Nack
466
714
Autalwasser
Leimberg
747
Bad Ditzenbach
509
Buschelkapelle
Duchstetten
788
Bemeck
0
500 m

Genusstour 38

Haarberg & Wasserberg

Durch ein Naturschutzgebiet mit Geschichte

DAUER	2h 30min
LÄNGE	8,7 km
HÖHENMETER	245 hm
SCHWIERIGKEIT	LEICHT
ÜBERNACHTUNG	ja

Das erwartet dich ...

Die vielgestaltige Landschaft des Albtraufes ermöglicht abwechslungsreiche Wanderungen über die Kuppen der Filsalb oder zur zerklüfteten Tallandschaft um das obere Filstal. Nicht besonders lang und mit angenehmen An- und Abstiegen führt uns diese Runde durch das Naturschutzgebiet Haarberg-Wasserberg; hier erwarten uns duftende Wacholderheiden, idyllische Laubwälder und Wiesenhänge mit seltenen Tierarten. Kurz vor Ende der Runde wartet das gemütliche Wasserberghaus mit einer tollen Einkehr auf uns.

Start & Ziel & Anreise

Unser Ausgangspunkt ist der Wanderparkplatz Gairenbuckel. Er liegt am Gairen-pass, an der Straße zwischen Schlat und Reichenbach im Täle. Von Göppingen nehmen wir die B 10 Richtung Geislingen an der Steige. Bei der Ausfahrt Schlat wechseln wir auf die K 1426. Der Parkplatz befindet sich ca. 1 km hinter Schlat auf der linken Seite. Bushaltestellen gibt es in Schlat sowie in Reichenbach im Täle.

Tourenbeschreibung

Wir starten unsere Rundwanderung am Wanderparkplatz Gairenbuckel. Zunächst folgen wir dem Weg nach Osten, doch schon nach ca. 100 Metern biegen wir rechts ab und nun stets weiter auf der Beschilderung „Löwenpfade/Orchideen-pfade", die uns am Naturschutzgebiet entlang schickt. Unterwegs laden dabei immer wieder Sitzbänke an wunderschönen Stellen zu einer kurzen Rast ein. Eine gute Dreiviertelstunde halten wir uns immer relativ nah am Waldrand entlang, sanft hinab Richtung Reichenbach. Am unteren Ende des Naturschutzgebietes, kurz vor der Böhringer Straße, geht es nach links. Vom Sattel zwischen Reichen-bach und Unterböhringen halten wir uns an die Beschilderung „Löwenpfade/Or-chideenpfad", die uns wieder ins Naturschutzgebiet Wasserberg-Haarberg bringt. Die grün-weiße Löwenkopf-Orchideenpfad-Markierung führt nach rechts und aufwärts. Bereits nach 120 Metern biegen wir auf einen steinigen Pfad, teils über Stufen, links ab. Der Weg führt uns oberhalb der großen und steilen Wacholderheiden auf den Haarberg mit seinem hölzernen Kruzifix und einer tollen Aussicht. Ein Pfad bringt uns weiter hinauf, über Wiesen und durch Wald. Er wird etwas steiler, wir erreichen eine Hochfläche. 200 Meter weiter queren wir einen Weg und wandern geradeaus weiter, nun auf einem breiten Schotterweg. Erst über den Haarberg, dann gut 3 Kilometer später erreichen wir den Wasserberg. Mit der Beschilderung gelangen wir auf einen breiten Waldweg und biegen links ab. Hinter der Linkskurve geht es ein kurzes Stück relativ steil abwärts und dann auf den breiten Wasserbergweg, auf den wir rechts abbiegen und den Schildern Richtung Wasserberghaus folgen.

Das Wanderheim bietet eine schöne Möglichkeit der Rast mit herrlichen Blicken über die Dreikaiserberge und das Untere Filstal. Das Wasserberghaus wurde 1926 vom Schwäbischen Albverein erbaut und 1966 erweitert. Es bietet gutbürgerliche, schwäbische und durchgehend warme Küche. Neben den gemütlichen Wirtsstuben werden Sitzplätze im Freien angeboten. Mehrere Zimmer und Bettenlager stehen zur Verfügung. Infos zu den Öffnungszeiten unter 07161/811562. Der Rückweg führt uns unschwierig auf unserer Beschilderung bzw. dem HW1 in gut zwanzig Minuten zurück zum Wanderparkplatz Gairenbuckel.

Das Naturschutzgebiet Haarberg-Wasserberg liegt in einem beliebten Wandergebiet mit einem gut markierten Netz von Wanderwegen. Besondere Bedeutung haben hier die Wacholderheiden (die größten im Filstal), Trockenrasen und Hangschutthalden: Hier kommen ungewöhnlich viele, teils seltene und gefährdete Pflanzen- und Tierarten vor, wie Küchenschelle oder Silberdistel. Bekannt ist der Haarberg wegen seiner Orchideen, wie Pyramiden-Hundswurz, Helm-Knabenkraut oder Bienen-Ragwurz. Eine Rarität im Insektenreich ist der Libellen-Schmetterlingshaft, ein gelb-schwarz gefärbter Netzflügler, der wie eine Kreuzung aus Libelle und Schmetterling aussieht. 2020 feierte das vom Regierungspräsidium Stuttgart ausgewiesene Naturschutzgebiet Haarberg-Wasserberg 30-jähriges Jubiläum. Um das Gebiet naturschonend erkunden zu können, gibt es eine Smartphone-App, „Unterwegs im Naturschutzgebiet". Sie bietet eine Auswahl verschiedener Touren mit interessanten Informationen rund um das Naturschutzgebiet.

WEISSENSTEIN
542
708
Rosenmene
Bühl
Hohe Buche
Goldbühl
Pomat-holz
ochfeld
Hochäcker
Hochhäcker
Teufelsküche
Schnittlingen
Brunnsteige
Berg
Viehstelle
735
Buch
678
STÖTTEN
Hundsruck
659
Rappen-felsen
EYBACH
Drehfels
Himmelfels
ßmanns-weiler
Kälbersteig
Häule
687
Schlegelberg
Christofshof
ehem. Helenenhof
Skihütte
Rackenhalde
melfelsen
Himmelreich
Lindenhof
WEILER
Buch
Schalkstetten

Lützelalb
Birkenbuckel
Kriegsburren
708
Treffelhausen
Egelsberg
Hart
Ursprung der Eyb
Karfunkelfels
Berghülbe
Trasenberg
Sauplatte
674
Ziegelhütte
Eybacher Hütte
Götzentäle
Mordloch
Nägelesfelsen
Winterreute
682
Hülbe
Nadelfelsen
Lange Wand
Obere Roggenmühle
Sinnburg
NSG
Albanusfelsen
Untere Roggenmühle
Roggenstein
Roggensteige
Hasenteichbrunnen

466
Geislinger Hütte
Böhmen-kirch
696
666
649
Lindenhof
Hackmesser
ehem. Burg Ravenstein
Hotel Rössle
Steinenkirch
39
Hülbe
Vorder-weiler
Hahnenkamm
681
Spitz-buche
Maue
UEF Lokalbahn
Straße der Staufer
Büschen
642
Guckenberg
Kinzenberg
669
WALDHAUSEN
Schelmenäcker
Wannenberg
609
Beßlingersbrunnen
Maßholder
Hungerber
640
Wohlgradweiler
Hofstätt

St. Patriz
Ulmer Linde
Roter Bildstock
Stürze
Eselt

0   500m

39

Taltour

Einsames Bachtal
Die Mordloch Runde von Steinenkirch

DAUER	2h 30min
LÄNGE	8,2 km
HÖHENMETER	185 hm
SCHWIERIGKEIT	LEICHT
ÜBERNACHTUNG	ja

Das erwartet dich ...

Die angenehme, kurze Runde bringt uns über gut markierte Wald- und Wirtschaftswege, auch mal über Sträßchen und schmale Pfade durch das tiefe, einsame Roggental. Um Ravenstein braucht man Orientierung, hier fehlen einige Wanderzeichen. Der Rückweg führt uns dann durch das hübsche, sehr sehenswerte Magental. Auf dem Weg erwartet uns das spektakuläre Mordloch, die zweitlängste Höhle der Schwäbischen Alb, oberhalb der Oberen Roggenmühle. Die Karl-Vorbrugg-Hütte bietet an Wochenenden eine schöne Einkehr.

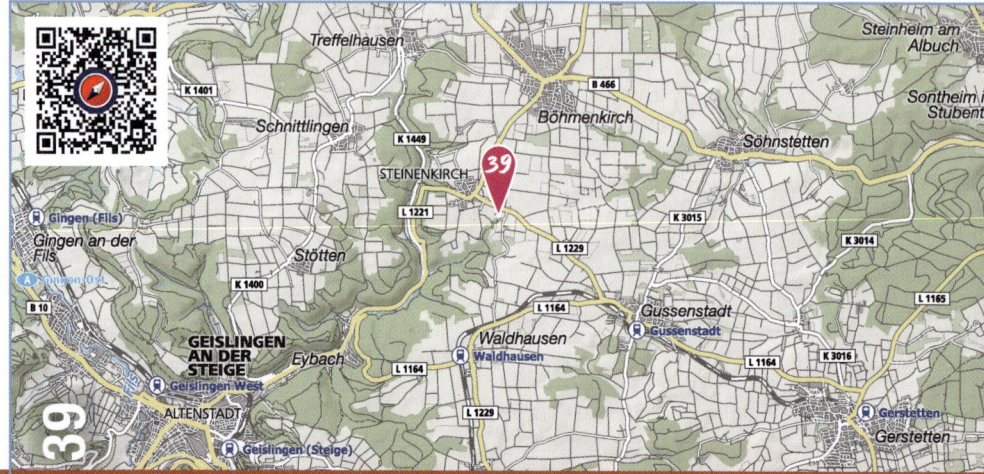

Start & Ziel & Anreise

Steinenkirch erreichen wir von Westen wie von Osten über die B 466. Bei Böhmenkirch verlassen wir die Bundesstraße und fahren über die L 1221 bis Steinenkirch. Im Ort halten wir uns rechts auf die Gussenstadter Straße. 250 Meter nach Ortsausgang rechts, dann wieder rechts zur Karl-Vorbrugg-Hütte.

Tourenbeschreibung

Wir beginnen unsere schöne Rundwanderung am Alpenvereinshaus der Sektion Brenztal des Deutschen Alpenvereins. Vom Haus aus laufen wir auf einem ausgetretenen Pfad ca. 50 Meter durch den Wald nach Nordwesten. Wir stoßen auf einen Feldweg und folgen dem roten Y nach rechts, in wenigen Minuten nach Steinenkirch hinein. An der Gabelung bei der Ulrichskirche folgen wir dem roten Y in den „Ravensteiner Weg". Kurz nachdem wir den Ort verlassen haben, erreichen wir eine Gabelung mit einer schönen Linde. Hier folgen wir dem Ravensteiner Weg nach links zum Gut Ravenstein. Von hier aus führt uns ein Pfad zu den Resten der ehemaligen Burg Ravenstein und daran vorbei hinab zu einem Forstweg. Wir folgen ihm nach links, überqueren die Kreisstraße kurz darauf ebenfalls nach links und folgen dem Pfad über die Eybbrücke. Danach wenden wir uns nach links und folgen dem roten Y am Eyb entlang Richtung Mordloch durchs Roggental. Schließlich passieren wir das Mordloch.

Diese Höhle wurde in den letzten Jahrzehnten immer wieder erforscht und vermessen. Dabei entdeckte man weitere, neue Gänge; schließlich wurde die Höhle in unzähligen Gängen, Kriechstellen, Hallen und Seen von unterschiedlicher Größe zusammengefasst – ein wahres Labyrinth wurde ausgemacht. Der Name der Höhle entstand in einer Sage: Der Eybacher Schlossförster wurde einst von einem Wilderer ermordet und in der Höhle versteckt. Der Hund des Försters fand seinen Herren jedoch. Kurz darauf stürzte der Wilderer ab und gestand die Tat auf dem Sterbebett. Das Mordloch ist eine wasserführende Höhle, die man – je nach Witterung – am ehesten mit Gummistiefeln und auch nur ein paar Meter begehen kann.

Im weiteren Verlauf der Wanderung gelangen wir zur Oberen Roggenmühle, dann, kurz darauf, über ein asphaltiertes Sträßchen zur Unteren Roggenmühle. Wir überqueren nochmals die Straße und wandern nun mit der roten Raute über einen Wiesenpfad am Waldrand entlang. Der Pfad schlängelt sich im Magental an spitzen Felstürmen vorbei durch das einsame, kleine Seitental des Roggentals. Schließlich erreichen wir einen Feldweg; das rote Y bringt uns bald ein kurzes Stück auf dem Anfangsweg zurück zur Alpenvereinshütte Karl-Vorbrugg-Hütte.

Der Roggenstein im Magental

Kerbenhofhütte

Schreiberhöhle

Doschental

Gschwein

635

581

Zanger Berg

Hohe

Steige

Hirschhalde

Hirschfelsen

544

Steinheim a.-Albuch
540

Grothau

651

Birkel

Badweg

Steinheimer

Sontheim im Stubental

Sontheimer Wirtshäusle

466

Bissenhirn

Alte Straße

Anbuch

Reishalde

Schwäbische Albstraße

Withau

Salenhau

Steinhaus

utenburg

Hart

Mäderhaus

Erpfenhausen

643

Eidarm

668

649

Hitzings-
weiler

NSG

Schafhof

536

Ringhotel
Zum Kreuz

Heimatstube
Klosterhof

Cottenhülbe
Steinhirt
569

Meteorkrater-
Museum

40

Becken

Knillberg
579

Burgstall

Geißberg

635

623

Küpfendorf

Küpfendörfer
Holz

645

Schönbühl

Basenhütte

Galgenberg

615

649

Pfaffenberg

625

Büsental

Mühlhalde

Türken-
brunnen

Schäf-

Obere
Ziegelhütte

Untere
Ziegelhütte

Burg

633

601

Rehberg

Eschental

Eschentalbrunnen

647

Hochber

Eichhalde

Buchho

Rezenberg
582

Eschenbrunnen

Brunnen-
hau
603

ehem.
Baum-
garten

604

Hülbe

Gänsenhülbe

Steinheimer

halde

Schuleneshülbe

Steige

Hitzinger

Unter

rauhbuc

0   500m

Geologietour 40

Berghütte Kraterblick

Auf den Knillberg

DAUER	2h
LÄNGE	6 km
HÖHENMETER	106 hm
SCHWIERIGKEIT	LEICHT
ÜBERNACHTUNG	nein

Das erwartet dich ...

Die aussichtsreiche Runde führt uns durch das Stubental; sie ist recht kurz und hat nur geringe Anstiege, weshalb sie auch für Kinder hervorragend geeignet ist. Der spannende geologische Lehrpfad führt uns über Wiesen und Felder in den Knillwald. Diverse Infotafeln erweitern unser Wissen über den Einschlag des Meteoriten vor 15 Millionen Jahren. Mit der Berghütte Kraterblick liegt eine gemütliche Einkehr auf dem Weg.

Start & Ziel & Anreise

Mit dem Auto erreichen wir Sontheim im Stubental über die A 7. An der Ausfahrt Heidenheim fahren wir über die B 466. Der Parkplatz befindet sich gegenüber der Gaststätte Sontheimer Wirtshäusle an der Kreuzung Stubentalstraße/B 466 oder beim Meteorkrater-Museum im Burgstallweg.

Tourenbeschreibung

Wir beginnen unsere Wanderung am Sontheimer Wirtshäusle im Stubental. Zwei blaue Hinweisschilder mit dem Symbol eines Meteorits werden uns zu Beginn führen. Zunächst laufen wir kurz an der Stubenstraße Richtung Sontheim, am Burgstallweg folgen wir einem grasigen Pfad nach rechts. Er führt uns mit einer Treppe zum Burgstall. Hier erwartet uns eine Aussichtsplattform und der interessante Blick auf das Steinheimer Becken und den Meteoritenkrater. Weiter, erst über einen Pfad hinab, biegt der Weg links ein. Am Teerweg wandern wir geradeaus bis zur zweiten Kreuzung. Ein Feldweg bringt uns nach rechts hinauf bis allmählich der Anstieg zum Knillberg beginnt. Auf dem Knillberg legen wir eine kurze Rast mit schöner Aussicht ein.

Wir wandern weiter, wieder hinab und quer durch das Naturschutzgebiet Steinheimer Becken, an Feldern vorbei, durchsetzt mit Trockenrasen, Büschen und vereinzelten Bäumen. Der Wirtschaftsweg führt uns stetig geradeaus, zum Schluss in einer sanften Rechtskurve am Ortsrand von Steinheim in die Klosterstraße. Kurz darauf weichen wir nach links in die Steinhirtstraße aus und gehen an ihrem Ende links. Die Verlängerung der Straße bringt uns geradewegs wieder aus dem Ort heraus und zur Berghütte Kraterblick. Auf dem Steinhirt, dem Zentralhügel des Steinheimer Beckens gelegen, gibt die Hütte einen interessanten Ausblick auf Steinheim und den Meteorkraterrand frei.

Mitten im Naturschutzgebiet gelegen, kann man die Ruhe der hellen, lichtdurchfluteten Berghütte genießen und regionale Spezialitäten probieren. Ein Geheimtipp ist im Sommer die Sonnenterasse mit Südhanglage. Kinder könnten sich auf unserem Abenteuerspielplatz austoben. Übernachten kann man im zugehörigen Hotel Kreuz Steinheim. Gegenüber machen wir noch einen Abstecher zum Steinhirt mit Wäldlesfels, einem ca. acht Meter hohen Felsobelisk aus Süßwasserkalk. Dann wandern wir von der Berghütte Kraterblick abwärts, an Feldern vorbei nach Sontheim zurück.

Autoren Tipp

Im Meteorkrater-Museum in Sontheim wird das Ereignis des Meteoriteneinschlages vor 14,5 Millionen Jahren, seine Folgen sowie das Leben und Sterben im und am miozänen Steinheimer See anschaulich dargestellt. Über die nach dem Einschlag entstandene Vielfalt der Pflanzen- und Tierwelt wird u.a. durch ein Diorama informiert. Das Museum hat von März bis Oktober von Donnerstag bis Sonntag geöffnet. Weitere Infos unter www.steinheimer-becken.de

ehem. Burg
Eichhölzle
Waldstetten
386
Hohenreute
Hummels-
halden
Bronnforst
Heckenhof
Braunhof
Braunhäusle
Stuifen
Ziegel-
hütte
757
Wißgoldingen
Krähberger
Hof
Bödnishof
Talmühle
Schöneberg
628
Krähberg
Haldenhof
459
REICHENBACH
unter Rechberg
Hochberg
558
Hochberg
Hagenbucher
Mühle
Steinernes
Kreuz
466
Lautergarten
472
Rindersteig
DONZDORF
0   500m
Schmelzhofen
406

Langenbach
Steinbacher
Höfe
Eiersberg
Ob. 559
Unterer-
Zusenhof
Klossenholzle
Saurenhof
Edelhof
Weilerstoffel
Urengarten
Tannhof
HERDTLINS-
WEILER
Hornberg
Hornberg
Bilsenhof
Furtlepass
Heidenbuck
584
Schleh
Ölmühle
St. Bernhardus-
kapelle
Bernhardus
765
Alter
Hof
NSG
Lauter-
ursprung
Glasklinge
Tannhalden-
stein
Franz-Keller-
Haus
Steinbühl
Knörzerhaus
781
Steinbühlhütte
Kaltes Feld
Donzdorfer-
hütte
Eierberg
756
Rechbergle
641
ehem. Burg
Cranegg
Christental
Berg-
wachthaus
Kaltes Feld
Galgenberg
und Hornberg
ehem.
Burg
Ruppi
ste
DEGENFELD
535
Buttingen
Kuhberg
NSG
Heldenberg
726
Heldenberg
NSG
Landgasthof
Heldenberg
und Eierberg
Galgenberg
717
Kreuzberghütte
Schwe
Winzingen
446
41
LAUTERSTEIN
NENNINGEN
468
Beutel-
fels
Lützela
747
Gefällholz
Hagenbuch
Grünbach
456
480
Rosenmene
708
Bühl
Hohe Buche
WEISSENSTEIN
542
Forellenteich
Hachweiher
Messelberg
749
Messelstein
Messelhof
Hochfeld
695
Hochfeld
Pomat-
holz
Goldbühl
Treffelhausen
Brühl
Sternwarte
Landeplatz
Donzdorf-Messelberg
Augustbühl
Teufelsküche
Hochäcker
NSG
Urspi
der I
Kar
Rötelstein
Schnittlingen
Brunnsteige
Saulatte
Waldenbühl

Franz-Keller-Haus
Auf's Kalte Feld

Panoramatour 41

DAUER	3h
LÄNGE	10,4 km
HÖHENMETER	375 hm
SCHWIERIGKEIT	MITTEL
ÜBERNACHTUNG	ja

Das erwartet dich ...

Die schöne Rundwanderung erwartet uns mit bequemen Wald- und Feldwegen, teils auch geteerten Sträßchen. Es gibt ein paar steile, aber kurze Anstiege, die jedoch problemlos bewältigt werden können. Besonders beeindruckend sind die Wacholderheiden im Naturschutzgebiet am Galgenberg. Auf der Hochfläche des Kalten Feldes wartet eine gemütliche Hütte des Schwäbischen Albvereins zum Einkehren auf uns: das Franz-Keller-Haus.

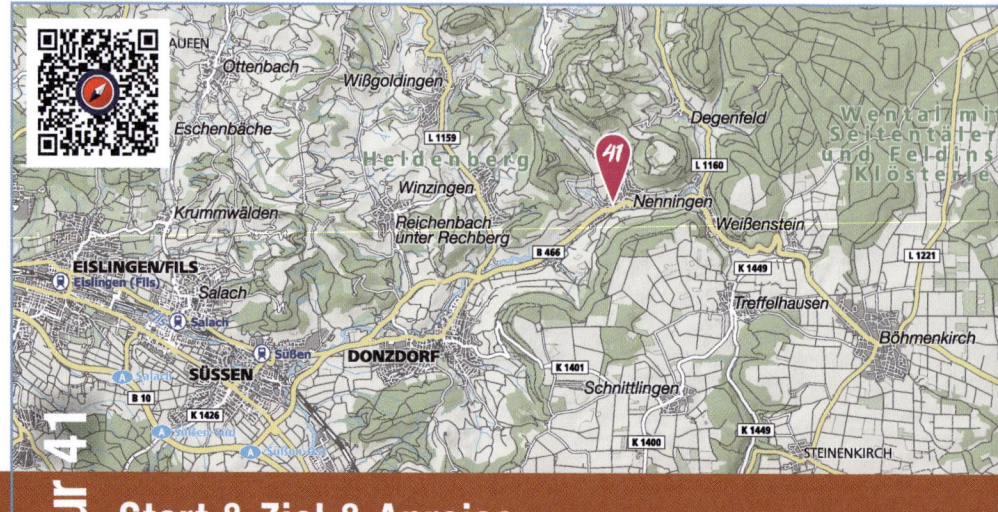

Start & Ziel & Anreise

Ausganspunkt ist Nenningen; Parkmöglichkeiten gibt es am Friedhof. Von Westen wie auch von Osten führt die B 466 nach Nenningen.

Tourenbeschreibung

Zusammen mit Galgenberg, Eierberg und Hornberg bildet das Kalte Feld ein Naturschutzgebiet nahe der Stadt Schwäbisch Gmünd. Die Hochfläche um das Kalte Feld ist die höchste Erhebung Ostwürttembergs. Die tief eingeschnittene Lauter trennt den Galgenberg und das Kalte Feld von der Albhochfläche und lässt den Galgenberg von Süden als einen mächtigen Bergzug in Erscheinung treten. Sehenswert ist das Gebiet aufgrund seiner schönen Wacholder- und Steppenheiden, die vielen gefährdeten Tier- und Pflanzenarten Lebensraum bieten.

Vom Parkplatz am Friedhof in Nenningen laufen wir zu Hauptstraße. Wir folgen ihr nach rechts, dann links in die Bergstraße, an der St. Martinus-Kirche vorbei, dann links haltend über die Kaltenfelder Straße. Der blaue Balken bringt uns an den Ortsrand von Nenningen. An der Wacholderheide halten wir uns rechts und erreichen das Feldkreuz auf dem Galgenberg; hier genießen wir die schönen Ausblicke, bevor uns der Weg an der Hangkante entlang weiter in einen Sattel führt. Unsere Markierung führt uns geradeaus, bald über den bewaldeten Bergrücken des Kalten Feldes bis an einen Wirtschaftsweg, der uns kurz nach links schickt. Dann wenden wir uns nochmals nach links und gelangen an einen Fahrweg. Nochmals eine schöne Wacholderheide querend passieren wir einige schöne Grillstellen und stehen schließlich vor dem einladenden Franz-Keller-Haus.

Das Franz-Keller-Haus ist an allen Wochenenden des Jahres und an allen Feiertagen (nicht an Weihnachten) geöffnet. Es wurde 1908 erbaut, 1931 vom Schwäbischen Albverein erworben und umgebaut. Nach Voranmeldung kann man im Haus übernachten. Für den Rückweg folgen wir dem roten Kreuz bis zur Hangkante, an der wir uns links halten und bald auf einen Schotterweg stoßen. Er bringt uns hinab an eine Kreuzung: Wir biegen rechts ein und wandern hinunter zur Reiterleskapelle. Hier folgen wir dem blauen Balken – gemeinsam mit dem Radweg – nun über den Christentalhof stetig durch Christental hinab, parallel zum Schwarzwiesenbach. Beim Hochwasserrückhaltebecken von Christental folgen wir der Straße am Wanderparkplatz vorbei. Die Christentalstraße bringt uns schließlich zurück in die Bergstraße. Auf den letzten Metern folgen wir dem Anfangsweg zurück zum Auto.

Vom Aussichtspunkt Kreuz Galgenberg haben wir einen herrlichen Blick ins Tal

Volkmartsberg
743
Berghäule
Schönhasel
Bilzhütte
660
ehemalig
Brunnen-
713
ebene
Bilzhaus
OBERKOCHEN
495
Optisches
Mus.
Heimat-
mus.
Röm. Keller
499
Zweienberg
Oberer
Rodstein
Unterer
Rodhalde
Kahlen-
bühl
Spitziger Fels
Fuchskohl-
platte
Schmiede-
stein
Hubertusbrunnen
Schneeberg
643
592
Borzenhalde
Steinborliestal
695
522
Wollenloch
Deponie
Wollenberg
710
pitzburrenhütte
505
Birkach
Seegartenhof
517
Büchle
Eselbuch
Zimmer-
hart
Hülbe
614
Falch
19
Burgstall
Pulverturm
Ziegelhütte
Ziegelbach
Hohe
Zahnberg
Warte
Gnannenkopf
Großes
Brenztal
534
Gräfin
643
Frauenstein
Herrenstein
Judenl
Ochsenb
Brenzelhof
Königsbronn
498
42
Torbogenmuseum
574
Eichhalde
Wolf
selde
Wasserturm
Weikersberg
689
Sauhalde
Rathaus
Ruine
Herwartstein
Stürzelhof
Waldsiedlung
Hart
Itzelberg
Brünnele
585
NSG
652
Zang
Widmann's
Löwen
chafhof
Straße
der
Staufer
Spitzhut
Baumgartenstraße
ehem.
Baum-
garten
604
Pfaffenberg
Steinfußhalde
615
Galgenberg
668
Gänsehülbe
649
Hülbe
625
Kehlen
Hirsch
Eidarm
Feldhülbe
649
Hitzings-
weiler
Schlegelhalde
611
Zanger Berg
Mühl

0   500m

42

Taltour

Ziegelhütte

Zu den Karstquellen

DAUER	2h 30min
LÄNGE	8,3 km
HÖHENMETER	56 hm
SCHWIERIGKEIT	LEICHT
ÜBERNACHTUNG	nein

Das erwartet dich ...

Die relativ kurze Rundwanderung bringt uns auf gut bezeichneten Wald- und Wirtschaftswegen sowie ruhigen Sträßchen lediglich über leichte Steigungen. Dabei durchwandern wir die schöne Karstlandschaft, durch deren durchlässige Oberfläche das Regen- und Schmelzwasser in unterirdische Höhlen und Gänge versickert und im weiteren Verlauf an den Karstquellen austritt.

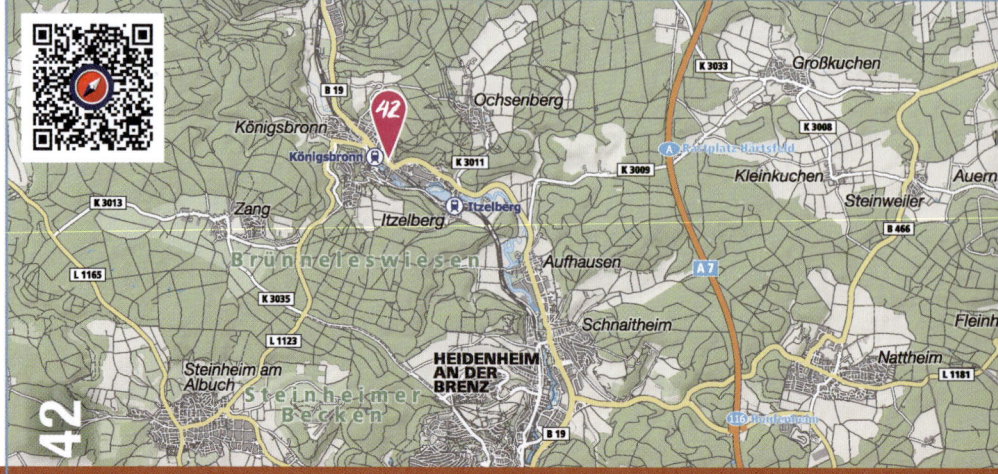

Start & Ziel & Anreise

Ausgangsort ist die Bahnhaltestelle in Königsbronn. Wir erreichen das Örtchen von Norden wie auch von Süden über die B 19. Parkplätze befinden sich gegenüber der Bahnhaltestelle. Halbstündlich fährt von Aalen ein Zug Richtung Ulm, Haltestelle Königsbronn.

Tourenbeschreibung

Die Karsttour im Tal der Brenz ist gerade für Liebhaber komfortabler Wanderbahnen nicht zu verachten. Sie kann auch – je nach Kondition – um den Itzelberger See erweitert werden. Start der Wanderung ist Königsbronn; von der Bushaltestelle folgen wir dem Wegweiser auf der gegenüberliegenden Seite der Straße. Er schickt uns am Eisenhüttenwerk vorbei Richtung Pfefferquelle. Dabei handelt es sich um eine typische Topfquelle des „Tiefen Karstes". Weiter bringt uns der Wanderweg zur Leerausquelle. Das ist ein Hungerbrunnen, der leider oft „leer ausgeht", das bedeutet, dass er nur gelegentlich Wasser führt.

Etwas später schlagen wir an der Scheffelstraße einen Haken. Wir gelangen an den Rand des Dorfes. Hier weist uns eine Informationstafel der Quellenrunde auf einen ansteigenden Waldweg hin. So wandern wir auf und nieder, bis uns an einer Kurve ein undeutlicher Pfad auffällt, der ins Brenztal hinab führt. Die Gegend wird hier nur vom unbedeutenden Ziegelbach entwässert. Nachdem wir die B 19 auf unserem Weiterweg überquert haben, nehmen wir die Zufahrt zum Seegartenhof auf der Europäischen Wasserscheide. Wir umrunden das prächtige Gestüt und gelangen über einen asphaltierten Wirtschaftsweg an die Ziegelhütte. Die einladende Waldschenke im Wiesental ist für eine Einkehr sehr empfehlenswert. Kleine Besucher können sich am zugehörigen Spielplatz austoben. Aus einer schmalen Felsspalte tritt hier die Ziegelbachquelle und die Beschilderungen des Karstquellenweges informieren über die geologischen Gegebenheiten.

Schließlich bringt uns ein Sträßchen zurück zu unserem Ausgangsort. In der Mitte des Ortes erlauben wir uns am Bahnübergang noch einen kleinen Abstecher zum Brenztopf. Hier plätschern und springen die Wasser der Alb mit überschäumendem Rauschen aus einer gedrungenen Felsenbucht hervor. Darüber erspähen wir ein Höhlenloch mit einem Seitenfenster. Es ist als Naturdenkmal deklariert, zu dem ein paar Felsstufen hinaufführen. Dann wandern wir über den Fischereilehrpfad über drei Brücken zurück zur Bahnhaltestelle. Übernachtungsmöglichkeiten gibt es in Brenztal.

Die Königsbronner Pfefferquelle im Brenztal

43

BETTRINGEN
Talacker
Kellerhaus
UNTER-
Schlangeleshalden
Schlatthof
Schlatthölzle
NSG
Lindenhof
Lindenfeld
554
Kriegsebene
WALDSTETTEN
ehem. Burg Eichhölzle
Langenbach
Steinbacher Höfe
Steinbach
Strümpfelbach
Eiersberg
559
Ob.-
Unterer-
Zusenhof
Stoffelbach
Klossenholzle
Saurenhof
Heckenhof
Unterer
-Lauchhof
Unterer-
-Haldenhof
Oberer-
Oberer-
Giengerhof
398
Krieghof
WEILER in den Bergen
442
Heidenbuckel
584
Schlehenteich
Bilsenhof
HERDTLINSWEILER
Hornberg
Furtlepass
Weilerstoffel
Edelhof
Urengarten
Tannhof
Hornberg
Lauterursprung
NSG
Kaltes Feld
Steinbühl
Knörzerhaus
Donzdorfer-hütte
Franz-Keller Haus
781
Steinbühlhütte
mit Hornberg
Bergwachthaus
Galgenberg
43
Kaltes-Feld
Kuhberg
Tannhaldenstein
Schöneberg
628
Tannweiler
Rechbergle
641
Krähberger Hof
Bödnishof
ehem. Burg Cranegg
Christental
Krähberg
Tobel
Christental
NSG
Heldenberg
726
Heldenberg
NSG
Landgasthof Heldenberg
LAUTERSTEIN
Winzingen
446
Gefällholz
480
Hagenbuch
Steinernes Kreuz
Grünbach
456
und Eierberg
Galgenberg
717
Kreuzberghütte
NENNINGEN
468
WEISSENSTEIN
542
Forellenbach
708
Rosenmene
Bühl
Hohe Buche
Kriegsburren
708
0 500m
ehem. Burg Schlössle
Birkhof
NSG
Hoher Fels
556
ehem. Burg
Hochsträß
Himmelreich
Himmelreich
Bargauer
NSG
Schafshaus
Ölmühle
St. Bernhardus-kapelle
Bernhardus
Zwerenberg
776
765
Alter Hof
Glasklinge
Eierberg
756
Jägerhaus
Ruppertstetten
750
DEGENFELD
535
Buittingen
Schweintal
Runder
Lützelalb
747
Beutelfels
Lützelalb
Birkenb
Fischweiher
Stuifen
757

Panoramatour 43

Knörzerhaus
Auf den Hornberg

DAUER	2h 30min
LÄNGE	9,1 km
HÖHENMETER	250 hm
SCHWIERIGKEIT	LEICHT
ÜBERNACHTUNG	ja

Das erwartet dich ...

Die kleine Runde führt uns auf bequemen Feld-, Wald- und Teerwegen auf den Hornberg. Dabei durchstreifen wir das schöne Naturschutzgebiet des Hornberges: Er ist ein Ausläufer des Kalten Felds, ein Zeugenberg, der zusammen mit dem Hornberg, Galgenberg und Eierberg ein ausgewiesenes Naturschutzgebiet darstellt. Neben herrlichen Ausblicken finden wir auch hier Heideflächen mit Wacholder, Wiesen und Acker. Unterwegs streifen wir das Berggasthaus Knörzerhaus, in das man an den Wochenenden einkehren kann.

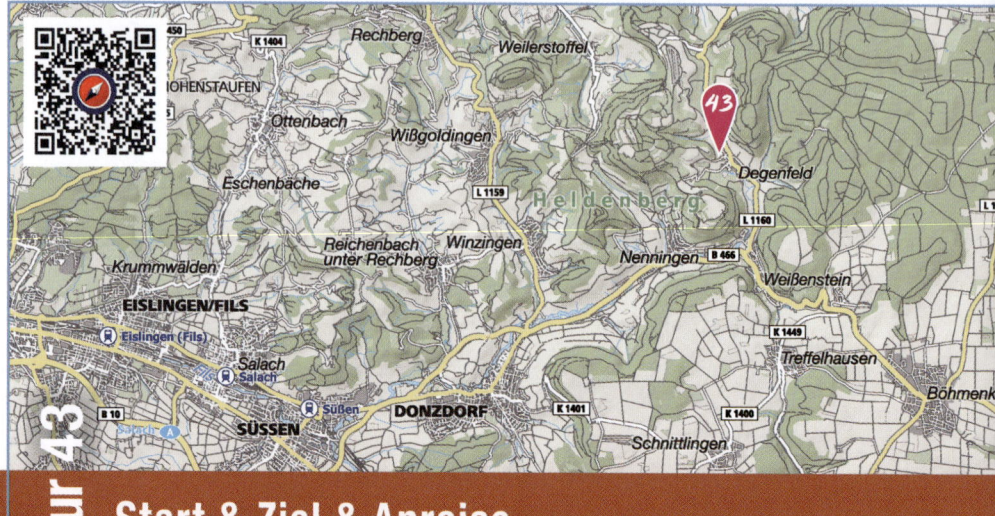

Start & Ziel & Anreise

Ausgangspunkt der Tour ist Degenfeld. Kurz vor Ende der Ochsenbergsteige befinden sich rechter Hand Parkplätze. Wir erreichen den Ort von Westen wie von Osten über die B 466. Bei Schloss Weißenstein biegen wir auf die L 1160 ein und erreichen kurz darauf den Ort.

Tourenbeschreibung

Vom Parkplatz in Degenfeld folgen wir zunächst noch der Ochsenbergsteige Richtung Westen; mit dem blauen Balken wandern wir immer wieder am Waldessaum entlang, dann wieder über die freie Fläche und durchstreifen dabei das Naturschutzgebiet Kaltes Feld. Stetig aufwärts führt uns der blaue Balken, bis er uns nach einer guten Viertelstunde nach rechts lenkt. Der Waldweg bringt uns nun weiter hinauf.

Zwischendurch kürzen wir den Hauptweg über einen schmäleren Weg ab. Nur hundert Meter, nachdem wir wieder auf den Hauptweg getroffen sind, zweigt ein schmälerer Weg nach rechts ab. Er bringt uns zuerst in die Nähe des Waldrandes, dann nochmal durch den Wald in wenigen Minuten zum Knörzerhaus. Das einladende Berggasthaus mit großem, sonnigem Biergarten hat an den Wochenenden geöffnet. Zudem wird hier die erste E-Bike Tankstelle auf dem Kalten Feld angeboten, mit Platz für bis zu 4 Fahrräder direkt vor dem Knörzerhaus.

Weiter geht die Wanderung zunächst nochmals kurz gen Osten, auf den befestigten Weg bis zur T-Kreuzung: Hier biegen wir links ein und folgen dem Weg nochmals ca. 200 Meter. Dann zweigt links ein schmälerer Weg durch die Heide-und Wacholderlandschaft ab. Ein paar Minuten später treffen wir dann auf das rote Kreuz, das uns nach rechts lenkt zum Segelflugplatz Hornberg. Ein Teerweg führt uns am Flugplatzgelände entlang, an der Rechtskurve wandern wir linker Hand über den Parkplatz und auf schmalen Pfaden geradeaus. So umrunden wir einmal mit dem roten Kreuz den Hornberg. Nach einer knappen halben Stunde empfängt uns die Zufahrtstraße zum Segelflugplatz wieder. Wir folgen ihr ein kurzes Stück nach links, dann schlagen wir uns wieder rechts in den Wald. Der schmale Weg wird schnell breiter und bringt uns gute zwanzig Minuten am Waldrand entlang, bis wir wieder auf einen befestigteren Weg treffen. Wir folgen ihm weiter geradeaus, er bringt uns nach fünfhundert Metern an ein Sträßchen. Weiter nun ins „Egental", bis wir wieder die Ochsenbergsteige kreuzen, die uns nach links zurück zum Auto bringt.

Autoren Tipp

Das Naturschutzgebiet Kaltes Feld mit Hornberg, Galgenberg und Eierberg ist mit 635 Hektar das größte im Ostalbkreis. An den Südhängen lassen sich oft Wacholderheiden und Kalk-Magerrasen finden, die typisch für das Naturschutzgebiet sind. Auch als Naherholungsgebiet wird es geschätzt und bietet weite Blicke über die Schwäbische Alb.

29

Limesstr.

Röte

Neukochen

Geißwiesen 478

Dauerwang

Mantelhof Limes-Thermen

Osterbucher Steige

Osterbuchhütte

Zeppelinhütte

Aalbäumle 681

Fridahütte

Schlacht

UNTERKOCHEN

Essingen
508

Falkensturz

Falkenberg

Falkenbrünnle

Teußenberg

Lämmerbusch

Schönteich

Kuckuckshütte

Kuckuckstein 621

681

Langerstein

653

Stefansweiler Mühle

646

Fuchsteich-hütte

Gunderstal

Wolferstal

Langertal

Arboretum

Heidefels

Heide

Obisenhalde

660

Große Buche

Hohlgasse

588

Volkmarsberg
743

Berghäule

Röm.

N

Heimat-mus.

706

Schönhäsel

Bilzhütte

660

ehemalig

Brunnen-

713 ebene

Optisches Mus.

44

OBERKOCHEN
495

Oberer Rodstein

Unterer

Rodhal

Tauchenweiler

716

Hagental

Bilzhaus

592

Fuchskohl-platte

Schmiede-stein

Büchle

695

Hubertusbrunnen

Borzenhalde

Schwarzw...

44

Gotthilf-Hartmann-Eiche

Raupenhau

Brenzeltal

522

Deponie

Wollenloch

Wöllenberg
710

Birkach

517

Seegartenhof

Burgstall Pulverturm

Eselbuch

Spitzburrenhütte

505

19

Bannwang

Ziegelhütte

Hohe Zahnberg

Warte

Gnannenkopf

534

Graf

643

Frauenstein

Beim Grenzstock

675

Großes Brenztal

Wolf-

Brenzelhof

Herrenste

Gießen

holz

selde

Wasserturm

Weikersberg

652

689

Königsbronn
498

Torbogenmuseum

Rathaus

Straße der Staufer

Ruine Herwartstein

0   500m

86

508

660

44

Waldtour 44

Volkmarsberghütte
Auf den Volkmarsberg

DAUER	2h 45min
LÄNGE	9,9 km
HÖHENMETER	270 hm
SCHWIERIGKEIT	MITTEL
ÜBERNACHTUNG	nein

Das erwartet dich ...

Die Tour führt uns zunächst lange am Wald entlang bzw. durch die Wälder bei Oberkochen. Der Volkmarsberg, den wir gegen Ende der Tour erreichen, ist der Hausberg der Stadt Oberkochen. Auf unserer Rundwanderung begegnen wir der herrlichen Heidelandschaft des Volkmarsberges sowie seinem imposanten Aussichtsturm. Die Volkmarsberghütte des Schwäbischen Albvereins ist eine gemütliche und freundliche Einkehr zum Ende der Wanderung.

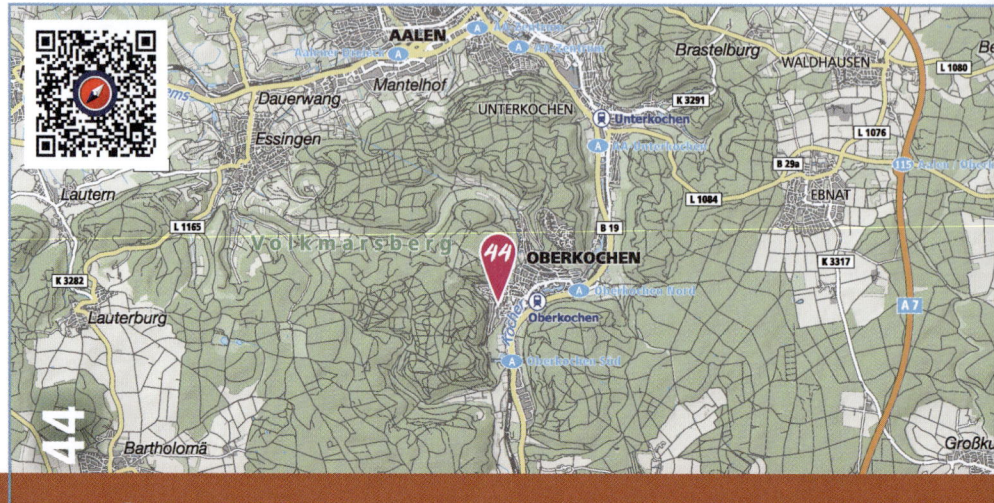

Start & Ziel & Anreise

Ausgangspunkt ist der Wanderparkplatz am Ender der Volkmarsbergstraße in Oberkochen. Von Aalen wie von Heidenheim erreicht man das Städtchen über die B 19. Von Heidenheim und von Aalen fahren stündlich Züge nach Oberkochen.

Tourenbeschreibung

Wir beginnen unsere Wanderung in Oberkochen. Am Ende der Volkmarsbergstraße befindet sich ein Parkplatz im Wald. Von hier aus wenden wir uns zunächst nach Süden – ein kurzes Stück am Brunnenbach entlang. Die rote Raute führt uns nun auf angenehmem Weg gute eineinhalb Kilometer stets dicht am Waldrand entlang. Schließlich erreichen wir das „Vordere Tiefentalsträßle", dem wir nach rechts wandern. Nun stetig aufwärts beginnt nach einiger Zeit eine sehr lange Rechtskurve. Wir bleiben durchgehend auf diesem Weg, der uns immer weiter hinaufführt; zwischendurch gesellt sich zu unserer Markierung das rote Y hinzu. Wir wandern an der Hubertusquelle und gute fünf Minuten später an der Hubertushütte vorbei. Kurz nach der Hütte erreichen wir eine Dreiecksgabelung: Auch hier wandern wir weiter geradeaus, nun auf dem „Hinteren Tiefentalsträßle". Schließlich erreichen wir die Bilzhütte mit Grillplatz. An der Kreuzung halten wir uns weiter geradeaus auf dem Hauptweg und der roten Raute auf dem „Berghäuleweg".

In einer Rechtskurve bringt er uns schließlich an den Waldrand und zum Sattel; wir erreichen die Reste der Mutterbuche und mit ihr die Wacholderheide.

Diese Buche ist ein markanter Punkt auf 690 m ü. NN am Fuße des Heidegebiets. Sie ist noch in den meisten Wanderkarten eingezeichnet und steht dort seit Anfang des 20. Jahrhunderts. Die riesige Rotbuche wurde nach hundert Jahren von Pilz befallen und musste jahrelang mit einem Stahlseil gesichert werden. Doch sie verlor weiter an Standfestigkeit und drohte umzustürzen. So wurde sie im Herbst 2018 in Abstimmung mit der Naturschutzbehörde gefällt. Der Stamm blieb erhalten, um an die Dimension des ehrwürdigen alten Baumes zu erinnern. Direkt an ihrem Stamm folgen wir dem Weg nach links durch den Wacholder hinauf zum Volkmarsbergturm und zur Volkmarsberghütte.

Die Wanderhütte der Ortsgruppe Oberkochen des Schwäbischen Albvereins ist nicht nur ein begehrtes Ausflugsziel. Die urige Hütte bietet bei schönem Wetter auch genügend Sitzmöglichkeiten auf einer sonnigen Terrasse. Sie ist samstags, sonn- und feiertags geöffnet. Übernachtungsmöglichkeit gibt es jedoch nur in Oberkochen. Die 1924 erbaute Hütte befand sich nach dem Zweiten Weltkrieg im Sperrgebiet. 1961 wurde der Volkmarsberg von den Amerikanern freigegeben, die Hütte musste jedoch nach Verfall komplett neu gebaut werden. 1973 folgten Vergrößerung der Küche und Anbau eines Freisitzes. Im Januar 1974, nur wenige Monate später, brannte die Hütte aufgrund eines technischen Defekts nieder. Dank der vielen Freiwilligen und ihres engagierten Einsatzes konnte bereits im November einen neue Hütte fertiggestellt werden. Am Himmelfahrtstag 1975 wurde sie im Rahmen einer Sternwanderung eingeweiht.

Vom 23 Meter hohen Aussichtsturm kann man bei schönem Wetter bis in die Ellwanger Berge hinein sehen. Für den Rückweg wählen wir den Weg mit dem roten Y, an der Karl Schurr Buche vorbei, dann gleich geradeaus halten auf den „Paul Grupp Weg". Er bringt uns wieder zum Wald und zum „Zickzackweg", der uns hinabführt. Kurz vor Waldende biegen wir rechts auf den breiten Waldweg ein. Er bringt uns nach ca. 300 Metern am Schützenhaus um eine Linkskurve und in wenigen Minuten zum Parkplatz zurück.

GUT
ZU WISSEN

Hacks

Unsere Hütten-Hacks

Es geht auch einfacher

HACKS

SCHNARCHALARM

Wer kennt es nicht? Du bist gerade eingeschlafen und dann geht das Schnarchkonzert los. Oropax sind das einzige und beste Mittel dagegen und helfen dir, die Nacht gut zu überstehen. Vorsorglich machst du sie gleich beim Zu-Bett-Gehen rein, dann steht deinem erholsamen Schlaf nichts mehr im Wege.

STIRNLAMPE

Die Stirnlampe ist ein wichtiger Begleiter beim Wandern, aber auch auf Hütten wird sie dir das Leben erleichtern: Wo war noch einmal das Klo? Ohne Stirnlampe wirst du den Weg wohl kaum finden, ohne jemanden aufzuwecken. Auch für Leseratten eignet sich das gedimmte Licht: So kannst du im Bett noch lesen, ohne dass sich deine Lager- bzw. Zimmer-Kameraden gestört fühlen.

TROCKENRAUM

Was riecht denn da so gut im Lager? Vermutlich der klassische Wandererduft! Damit sich das ganze in Grenzen hält, dürfen müffelnde Bergschuhe nicht mit ins Schlaflager bzw. -zimmer genommen werden. Extra für Bergschuhe gibt es meist einen Trockenraum, der in jedem Fall zu nutzen ist. Deine Lager- bzw. Zimmer-Kameraden werden es dir danken.

Endlich was Neues ausprobieren

Lust was Neues auszuprobieren?

WENN JA HABEN WIR EIN PAAR VORSCHLÄGE FÜR DICH.

- **WALDBADEN:** Einfach mal abseits des Weges ins weiche Gras oder Moos legen und den Wald mit seinen Sinnen erleben – riechen, fühlen, hören.

- **AUF DEN HÖCHSTEN KIRCHTURM DER WELT:** Den Rekord hält der Turm des Ulmer Münsters mit 161,53 Metern – also worauf wartest du noch, hoch geht's!

- **SONNENAUFGANGSYOGA:** Am nächsten Morgen einfach mal vor der Sonne aufstehen und vor der Hütte zusammen mit Yoga und der Morgendämmerung in den Tag starten.

- **TRIBERGER WASSERFÄLLE:** Mit 163 Metern gehören sie zu den höchsten Wasserfällen in Deutschland!

- **EUROPAPARK RUST:** Noch eine Superlative in Baden-Württemberg bietet der Freizeitpark mit dem Silverstar, der höchsten Achterbahn Europas.

Von Vorteil
FÜR MENSCH & NATUR

Nachhaltigkeit

BEIM WANDERN

Wandern ist eine recht schonende Sportart für die Natur und unsere Umwelt, wenn wir einige wenige Dinge beachten. Denn das Gleichgewicht ist hier extrem sensibel: Jedes zurückgelassene Papierchen in schönster Umgebung, jede Plastikwasserflasche oder auch noch so tolle Outdoorjacke, dafür voll von chemischen Inhaltsstoffen, fallen ins Gewicht. Folgende fünf Punkte geben euch einen kurzen Überblick, was ihr für euch und die Natur tun könnt. Denn Umweltschutz betrifft uns alle, schließlich haben wir nur eine Erde und mit dieser sollten wir behutsam und respektvoll umgehen.

Und das kannst du machen...

01 **Nachhaltigkeit beginnt schon bei der Anreise:** Je mehr Menschen mit dem Auto fahren, desto mehr CO_2-Ausstoß und desto mehr umweltschädlichen Gummiabrieb der Reifen gibt es. Doch viele Ausgangspunkte sind auch gut mit den öffentlichen Verkehrsmitteln zu erreichen. Also einfach mal das Auto stehen lassen. Oder Fahrgemeinschaften bilden.

02 **Keine Einwegflaschen:** Gerade das Trinken ist auf Wanderungen wichtig. Doch sollte man aus Rücksicht zur Natur und sich selbst zuliebe auf Einwegflaschen aus Plastik verzichten und lieber seine eigene Trinkflasche mitnehmen.

03 **Kein Verpackungsmüll:** Die Verpflegung für den Hunger zwischendurch ist mindestens genauso wichtig wie das Trinken. Brotdosen bieten sich zum Transport von Proviant an oder einfach alles in ein Bienenwachstuch einwickeln.

04 **Wanderausrüstung leihen:** Gerade beim Ausprobieren einer Sportart muss nicht gleich alles neu gekauft werden, was dann vielleicht im Keller landet. Manche Ausrüstungsgegenstände können auch erst einmal ausgeliehen werden. Auch ist es nicht notwendig, jedes Jahr ein neues Outfit zu kaufen. Achtet ihr schon beim ersten Kauf auf Qualität, macht sich das bemerkbar, denn qualitativ hochwertigere Produkte begleiten uns oft jahrelang.

05 **Weniger ist mehr:** Oft findet sich die schönste Natur in unmittelbarer Nähe. So muss es nicht immer die weit entfernte Gebirgskette sein. Auch Ziele, die aufgrund ihrer Bekanntheit an Wochenenden und in den Ferien total überlaufen sind, freuen sich über ein paar Besucher weniger. Weniger bekannte Ziele haben auch ihren Reiz und warten nur darauf, entdeckt zu werden.

© KOMPASS-Karten GmbH

Karl-Kapferer-Straße 5, A-6020 Innsbruck

2. Auflage 2025 (25.02)
Verlagsnummer 3516
ISBN 978-3-99154-244-5

Konzept und Bildnachweis

Konzept & Gestaltung: © KOMPASS-Karten GmbH

Text: KOMPASS-Karten AutorInnen (s. Klappe)

Grafische & Kartografische Herstellung:
© KOMPASS-Karten GmbH

Kartengrundlage: © KOMPASS-Karten GmbH unter
Verwendung von OpenStreetMap Contributers
(www.openstreetmap.org)

Titelbild: Sonnenuntergang in den Weinbergen des Mark-
gräfler Reblandes; © were - stock.adobe.com

Cover Rückseite: Bodennebel auf der Schwäbischen Alb
bei Reutlingen; © PixelPower - stock.adobe.com

Weiterer Bildnachweis:
S.2/3: © Dmitry Telegin - stock.adobe.com
S.4/5: © hjschneider - stock.adobe.com
S.6/7; S.8/9: © PixelPower - stock.adobe.com
S.13; S.135: © Neumühle
S.14: © Halfpoint - stock.adobe.com
S.16; S.115; S.211: © Tobias - stock.adobe.com
S.19; S.91; S.103; S.111; S.117; S.123; S.125; S.161;
S.197: Walter Theil
S.20; S.121: © Friedberg - stock.adobe.com
S.22/23: © Makuba - stock.adobe.com
S.25; S.35; S.61: © Jürgen Wackenhut - stock-adobe.com
S.29: © Landratsamt Rastatt
S.33; S.57: Elke Haan
S.37: © Murgtal Tourismus
S.41: © juhumbert - stock-adobe.com
S.43: © simone - stock-adobe.com
S.45: © Gemeinde Enzklösterle
S.49; S.66: © Corinna Genter-Boccia, Fotolia
S.53: © Nationalpark Schwarzwald
S.65: © GeFa71 - stock.adobe.com
S.67: © Hotel Bareiss
S.69; S.71: © stefan257 - stock.adobe.com
S.74: © simonwhitehurst - stock.adobe.com
S.77: © Bernd Heinzelmann - stock.adobe.com
S.79: © Höhengasthaus Kolmenhof
S.81; S.149: © Eberhard Spaeth - stock.adobe.com
S.83; S. 85: © Familie Lehmann vom Kieningerhof
S.87: © Fabian - stock.adobe.com
S.95: © Christian Ringwald
S.97; S.99: © Ralf - stock.adobe.com
S.101: © Bill Ernest - stock.adobe.com
S.107: © turtles2 - stock.adobe.com
S.127: ©Friedberg - stock.adobe.com
S.129: © DH/pixelio.de

IMPRESSUM

Weiterer Bildnachweis:
S.131; S.208: © DAV Sektion Ebingen
S.133: © Hans-J. Aubert - stock.adobe.com
S.139: © Hütte am Turm
S.143: © Thomas Fink
S.145: © Gustav Kaul - stock.adobe.com
S.147; S.206/207: © Albstadt Tourismus
S.151: © traveldia - stock-adobe.com
S.153: © Roman - stock.adobe.com
S.155; S.157: © Schwäbischer Albverein Ortsgruppe Justingen/Ingstetten
S.159: © KK imaging - stock.adobe.com
S.163; S.167: © DAV Sektion Schwaben – Lea Würz
S.171: © DAV Sektion Schwaben
S.175: © Jochen Göser
S.177: © Tilman Ehrcke - stock.adobe.com
S.179: © Patrick Zanker Landratsamt Göppingen
S.183: © Familie Seitz, Obere Roggenmühle
S.185: © artbyalb - stock.adobe.com
S.187: © Emil Maier Steinheim
S.191: © Schwäbischer Albverein e.V.
S.193; S.199: © Stadtverwaltung Schwäbisch Gmünd
S.195: © Sina Ettmer - stock.adobe.com
S.203: © SAV OG Oberkochen
S.212: © Holger Schultz - stock.adobe.com

Alle Angaben und Routenbeschreibungen wurden nach bestem Wissen gemäß unserer derzeitigen Informationslage gemacht. Die Wanderungen wurden sehr sorgfältig ausgewählt und beschrieben, Schwierigkeiten werden im Text kurz angegeben. Es können jedoch Änderungen an Wegen und im aktuellen Naturzustand eintreten. Wanderer und alle Kartenbenützer müssen darauf achten, dass aufgrund ständiger Veränderungen die Wegzustände bezüglich Begehbarkeit sich nicht mit den Angaben in der Karte decken müssen. Bei der großen Fülle des bearbeiteten Materials sind daher vereinzelte Fehler und Unstimmigkeiten nicht vermeidbar. Die Verwendung dieses Führers erfolgt ausschließlich auf eigenes Risiko und auf eigene Gefahr, somit eigenverantwortlich. Eine Haftung für etwaige Unfälle oder Schäden jeder Art wird daher nicht übernommen. Für Berichtigungen und Verbesserungsvorschläge ist die Redaktion stets dankbar. Korrekturhinweise bitte an folgende Anschrift:

KOMPASS KARTEN GMBH
Karl-Kapferer-Straße 5, A-6020 Innsbruck
www.kompass.de/service/kontakt

Deine Orientierung

Hallo!
Ich bin deine Anleitung, wie du zu den GPS-Daten aus deinem neuen Buch
kommst. Damit kannst du dir die Route in Outdoor-Apps und Navigationsgeräte laden. Scann den QR-Code oder gehe auf folgende Webseite:

www.kompass.de/gps

**Für Navigationsgeräte und Apps haben wir auf unserer Webseite alle Touren
im GPS-Format zum Download bereitgestellt:**
Hier findet man alle weiteren Informationen. Einfach das richtige Produkt auf der
Seite auswählen, die Daten herunterladen und auf das Zielgerät oder in die
gewünschte App importieren.

Was ist sind GPS-Daten? GPS ist ein Datenformat für Geodaten. Das Wort GPS
steht für Global Positioning System (Globales Positionsbestimmungssystem).
Mit einem GPS-Track bekommt man die rote Linie, also den Wegverlauf,
als geografische Koordinaten.

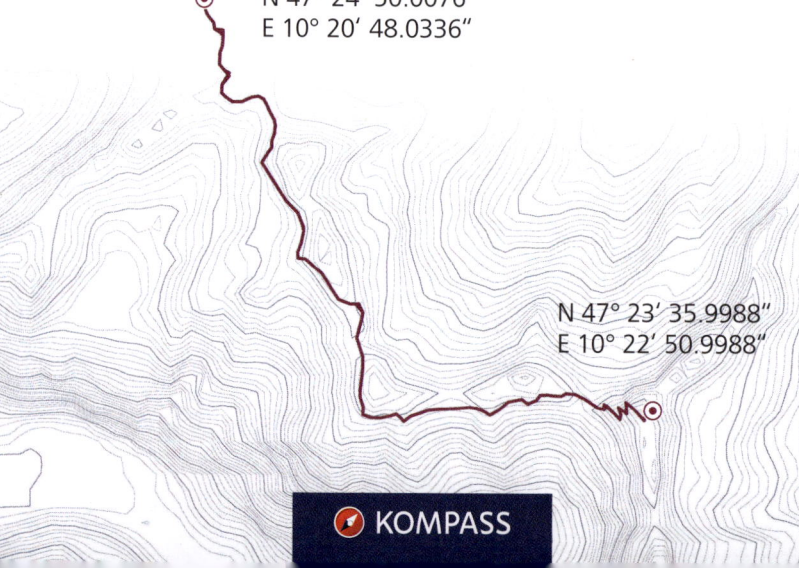

N 47° 24' 50.0076"
E 10° 20' 48.0336"

N 47° 23' 35.9988"
E 10° 22' 50.9988"